前近代における社会福祉法制

前近代における社会福祉法制

桑原洋子

信山社

はしがき

社会福祉の史的研究には、「社会事業史学会」を中心に多くの研究者が積極的に取り組んでおり、また社会的関心も高い。しかしながら、その研究対象とされている年代は、近代以降を対象とする研究に集中する傾向がある。「序」において述べるように、前近代における社会福祉に関する史的研究は、マイナーな研究分野であるといえる。

しかし、現行の社会福祉法制の法領域にある法令は、前近代の制度を継受したものが多い。それゆえ、前近代において制定された社会福祉に関する法令の制定・改廃の足跡をたどることは、現行法を解釈し、その役割を知るうえで意義深いと考える。またこのことは、社会福祉法制構築の将来の方向性について展望を齎(もたら)すことになるであろう。

本書では、原典検索を重視したため、ある意味で資料集的な性格を帯びてしまったものと考えている。

長年にわたり、年表の作成と資料集の出版に携わってきたが、これは「労多くして功少なき」地味な仕事である。同様のことが本書についてもいえよう。

はしがき

最後になったが、このような仕事の上梓をご快諾いただいた信山社の今井貴氏ならびに執筆についてて終始お励ましの言葉と有益な助言をしてくださった稲葉文子氏に心から御礼申上げる次第である。

なお龍谷大学大宮学舎図書館ならびに大阪市立中央図書館に大変お世話になった。この場をお借りして感謝の意を捧げたい。

二〇一四年六月

桑原洋子

目次

前近代における社会福祉法制

序

社会福祉法制とは、社会福祉に関する法令をオーソライズした制度をいう。その史的研究は社会事業史研究と法制史研究の交錯する領域にあると考える。法制史は人間の「文化生活の一態様である法律生活の歴史であるから広い意味の文化史の一部門」[1]であるといわれているが、このことは社会福祉法制史についても同様である。「法制というのは法と異るわけではなく沿革的に法制の語が用いられている」[2]に過ぎない。法制史は法制の歴史であるから「それは常に時の流れにおいて、すなわち発展の過程において捉えられねばならない」。それは「法制が時代によって変遷していることを前提としている」[3]。その変遷過程を社会福祉に関する法令に焦点をあて、たどることを本研究の目的とする。

福祉に関する法令は、各時代のニーズに促されてモザイク的に形成されていくものであり、時代の要請に対応して制定・改廃を重ねていかざるを得ないという性格を本質的に持っている。それゆえに、長い伝統を持ち、一定の法理に基づいて制定された他の法領域の法制と比較して法体系が未整備である。

これを法体系として整備し、学問的に成熟させていくために、社会福祉法制の史的研究が必要となる。それは、現行の社会福祉法制がいかなる歴史的状況下において、どのような過程を経て現在にいたったかを検証することによって、現行法のもつ意義・意図が明確となる。また、その過程で、改廃を行いながらも、なお一貫して共通する理念が存在することを見出し、これに基づいてその流れを検討していくことが法体系の確立に役立つと考えるからである。

本書は社会福祉の史的研究ではあるが、その検索対象を法令に限定した。それは、社会福祉の実態を重視しないという意味ではない。周知のように制度は実態をふまえて形成されるものではあるが、制度は法典として検証が容易であり、対象としての確実性をもつ。また法典を媒介として、その時代の社会状況を推測することは、最も有効な方法であると考えるからである。

社会福祉に関する法令の制定・改廃は、一定の社会で起こった問題を解決するために、新しい視点から制定された法令が、制定当時は、実効性を持っていたにもかかわらず、社会の変容にともないその効力を失うために行われる。それは新たな時代には新たな問題が生じ、それまでの法令の役割が無意味となるからである。そこに社会福祉に関する新しい法令制定の気運が生じるのである。

このように社会福祉に関する法令は、ある日唐突に制定・改廃されるのではなく、これを行わざるを得ないドキュメントがあって変容を重ねるのである。如何に充実した社会福祉制度の形成を意図しようようとも、その土壌、すなわち条件がないならば、それは不可能である。したがって社会福祉法制の変遷過程を考察するにさいして、権力関係、国家体制、世論といった条件を無視することはできない。社会福祉法制の制定・改廃・変更は、こうした条件のもとで、新しい法令制定の動きが出てきた場合にのみ可能となる。

したがって社会福祉法制の史的研究を行うにあたっては、その法令が制定された当時の政治・財政・経済の発達段階・人口・民衆の意識・家族関係・文化などについての社会の動向を把握したうえで、はじめてその位置づけが可能となるのであり、支配の論理としての社会福祉法制がどのように機能するかを問い得るのである。

歴史は常に動くものであり、ニーズもそれにともなって変わるものである。このことを踏まえて、現行の社会福祉に関する各法令が、どのような経緯を経て現行法にいたったかという制定・改廃の沿革を客観的に追求することが、現行の社会福祉法制の法領域にある法令の研究を理論的に整備していく上での基盤となりうると考える。

社会福祉の史的研究には、前近代に関する優れた研究はあるが(4)、その数は少なく、研究の多くは近代以降を対象としている。しかし本書ではあえて前近代を対象とした。これは前近代の福祉立法——正確には慈善救済立法もしくは保護立法が、現行の社会福祉法制に影響を与えている面が少なくないと考えるからである。たとえば現行の生活保護法第四条二項に規定する私的扶養優先の原則は、養老令の戸令の鰥寡(かんか)条においてすでに明記されており、これが恤救(じゅっきゅう)規則より救護法へ、さらには旧生活保護法へと継受されて、現行生活保護法において明文化されているのがその一例である。加えて、前近代は一八〇〇有余年（対象としたのは一二〇〇年弱）にわたり、近代以降は一五〇年近くに過ぎない。この長期にわたる期間において、制定・改廃された法令は数多く、これに基づいて実施された政策は数知れない。それゆえ前近代について学ぶことは、過去の施政者が構築し、実施した制度・政策の成功と失敗について学ぶことである。このことは今後の制度の構築にあたって、その成功を取り入れ失敗を繰り返してはならないという戒めとなり得る。

したがって、本書では隋・唐の制度を参照としながら、制度の形成がなされるようになってきた七世紀に、社会福祉の原初形態としての慈善救済が制度として法典に現れた段階以降、封建制度の崩壊までを対象とする。但し、前近代では、制度そのものが法令として体系化するに至っていない場合が少なくない。このため本書では制度全体を網羅することはできなかった。ここでは大きな外枠を埋めたに過ぎない。

社会福祉法制の史的研究を行うには時代区分が基本的に必要となる。時代区分とは歴史の推移による社会の各段階の変遷発展を、その特質に基づいて一定の期間に分かつことをいう。「時代区分は、歴史のとらえ方の本質にかかわる問題である」(5)が、時代区分には、社会事業史・日本史・政治史・経済史・法制史等さまざまな立場から多様な区分があり、それぞれ固有の特色を有している。たとえば足利時代・徳川時代といった政権担当者の「家」による区分、鎌倉時代・江戸時代という政権の所在地による区分、古代・中世・近世・近代といった時の遠近による区分(6)、古代律令国家・前期封建国家・後期封建国家・近代国家といった国家体制による区分等である。

本稿は国家体制に基づく時代区分による。国家体制による時代区分は時代の潮流に則したものであり、とくに封建国家の時代は『『土地』をより強い契機として結ばれる段階を封建のそれと見て」「土地で働く農民がどのような社会関係の中に置かれていたか……を見ることが、いっそう進んだ時代区分の仕方だということになる」(7)からである。とくに田畑の大小、米による石高が給与の規準であった前近代においてはこの区分が重要となる。

瀧川政次郎は、「史料は大抵の場合、それ自身唖（おし）（原文ママ）であるから、歴史家はこれに妥当なる解釈を施して、これをして事実を知らしめねばならない」(8)と述べている。本稿の目的は、この物言わぬ史料・資料を提示し、これを検討・分析したうえで、現行の社会福祉法制の根源を語らせ、史料・資料に物言わせることである。

そのためには史料の収集・批判・整理・解釈が基本であることを瀧川は指摘している。(9)

火山地帯に位置している日本は、地震・津波による災害が古くから多発していた。また前近代においては、治山・治水対策が杜撰（ずさん）であったため、風水害等によりたびたび発生した災害が、民衆の生活を揺さ振っていた。(10)これに加えて木材・竹・紙等でつくられていた日本の家屋は、火災による被害を連鎖させていった。これらの災害は民衆の生活を窮乏させ、ついには多くの者が餓死する結果を招くことになっていた。こうした災害に基づく民衆の窮乏は、一揆等の暴動につながり、施政者を脅かす力となっていった。つまり人間も政治も自然に左右される。個人の責任や努力と関係のないところで、民衆は自然災害のために生命・身体・資産・職業を失う。一方で災害への対応の誤りは施政者の政治的生命を失わせる。

施政者は、災害に対応してその対策を立てねばならなかったが、自らも災害により民衆と同様にその財源となる資産を失っていた。そうした中で、義倉・常平倉・七分積金等の備蓄を給付の原資とすると同時に、地方の施政者、寺社、民間に責任の分担を求めた。そのすべての力を結集して窮民救済が実施されてきたのである。

民衆のおかれている状況を把握し、最低どの程度の給付をどのようにして行うかが民衆を窮乏から救い、それが適正に実施された場合には政権の評価につながった。たとえば紀州藩が、財政再建のため実施した武士の人員削減と扶持米の一部減額は、藩の財政を建て直した。藩政再建後、紀州藩は減額分の扶持米の後払いを行っている。これは施政者の信用となり、後に藩主吉宗が将軍となり、享保の改革で多くの福祉制度を構築する基礎となった。

また寛政の改革では堕胎・間引きを防止するために、所得保障として小児養育金を農民に付与した。しかしこれは給付ではなく貸付金であった。それゆえ、この制度の適用により得た財貨を用いて堕落・間引を思い止り、子を産み育て、やがて育った子が農民として働き、後に貸付金の返済を行ったのである。その返済金は新たな小児養育貸付け金の原資となっていった。

既述のように災害と不況という社会問題は古くから幾度もあった。なかでも風水害・旱魃（ひでり）による農作物の不作は、政治改革を産む基盤となり、誰が施政者であるかにより民衆の生活は変った。

前近代の福祉制度の構築・改革・その実施された政策のすべてが成功したのではなく、改革が失敗に終わったり、制度が機能しなかったことも多い。施政者も民衆も常に苦悩しながら施策のあり方を模索してきたのである。

しかし前近代という長い歴史の流れの中で、社会的矛盾に苦悩した施政者が、これに対応するために行ってきた問題解決の方策の成功と失敗の足跡をたどることで、現代社会の抱える社会的矛盾に、福祉制度がどのように機能していくべきかについての展望が可能となる。前近代の社会福祉法制について学ぶことの意義はここにある。

最後に、前近代の社会福祉研究が、社会福祉の史的研究の中で等閑に付されがちなのは、その史料・資料が読みにくいことが一因であると考える。それゆえ本書では、必要と考える語句にはルビを打ち、またその内容について簡単な解説を加えた。これにより多少とも親しみやすいものになったのではないかと考える。出典により句読点の打ち方が異なるが、本書では引用した史・資料に従った。

注

（1）瀧川政次郎『日本法制史』昭和四六年、角川書店、三四頁
（2）石井良助『日本法制史概要』昭和五〇年、創文社、一頁
（3）同書二頁
（4）前近代の社会事業史研究については、辻善之助・谷山恵林・富田愛次郎・山口正・吉田久一・碓井隆次・

池田敬正・西村眞琴・吉川一郎・長谷川匡俊・宮城洋一郎・百瀬孝その他の先学による優れた研究があるが、近代以降の研究に比べてその数は格段に少ない。

（5） 大竹秀男・牧英正編『日本法制史』昭和五二年、青林書院新社（青林双書）二頁
なお時代区分について吉田久一は「社会事業（史）も社会科学の一部門である以上、時代区分も恣意的な便宜主義をさけて内容で区分しなければならない。私は社会事業史の時代区分は、社会事業の相対的独自性からみて、その時代の基本的な課題と社会事業活動を組合せて決定するのが最も望ましいと思う」「日本社会事業の場合政治の比重がかなり重い」これをふまえて「その時期を動かす最も大きな問題と、社会事業との関連のもとに時期区分をした方がよいと思う」と述べている（吉田久一『日本社会事業の歴史』一九七〇年、勁草書房一三頁）。また宮城洋一郎は、古代・中世の時代区分に特化して独自の時代区分を行っている（宮城洋一郎「日本社会福祉史の時代区分について―古代中世を中心に」皇學館大学社会福祉学部紀要四号一八七頁以下）。

（6） 内田銀藏著・宮崎道生校注『近世の日本・日本近世史』昭和五〇年、平凡社、一―二頁

（7） 和歌森太郎編『日本史の争点』昭和三九年、毎日新聞社、二四二・二三九―二四〇頁

（8） 瀧川・前掲書四二頁

（9） 同書三八―四四頁

（10） 西村眞琴・吉川一郎編『日本凶荒史考』昭和五八年、有明書房。同書は仁徳天皇四（三一六）年より慶応三（一八六七）年までの期間に、わが国において発生した災害について編年的に収録されたものである。

第一章　古代律令国家の時代

一　古代律令国家における法制と行財政

古代律令国家とは、古代国家の一形態であって、律令を統治の基本法典とする国家をいう。わが国において、律令を中心とする隋・唐の制度の導入が始まったのは七世紀に入ってからである。それ以前、わが国の古代国家において、民衆の生活を規律する規約の大部分は慣習法であった。それは服従すべきものであって「権利を主張する根拠」[1]ではなかったのである。

宣命（せんみょう）（支配者の命令）が成文法の形式で公布されたのは、上宮（じょうぐう）太子（聖徳太子）が制定した「政事修国修身事・一七条」が最初である。これに基づいて行われた「大化改新は、氏族国家を粉砕して、天皇の独裁政治を樹立する勤王党のクーデターであった」[2]といわれている。

大化改新後、日本は、隋・唐の制度を継受して絶対王政を創設し、律令の形式を通じて独裁政治を確立していった(3)。

大化改新以降の首都は、道筋を整備し城壁を廻らし、皇位継承は嫡庶長幼の別なく前天皇が定めた皇族が皇位についた。つまり皇位継承権の順位は成文化されていなかったのである。

天皇は、律令の制定者として、太政官をはじめとする官僚制度の構築、軍隊の指揮権、外交権等を固有の大権として保持し、権力を集中していった。

しかし実務上の権限は太政官にあった。太政官は今日の内閣に相当する。太政官には左弁官・右弁官・少納言の三局が置かれていた(4)。太政官を中心とする中央集権的官僚機構の構築にともない、文書行政システム、戸籍・計帳による人民把握、国家による土地所有を基盤とする班田収受制、租・庸・調などの税制が形成されていった。

その意味で聖徳太子による大化改新は、古代国家が氏族国家から脱却し、中央集権的官僚制国家に転換するための重要な改革であったといえる。いうなれば「大化改新は、実はこの必要によって行われた社会改革であり、改新に続いて行われた律令格式の編纂とその実施とは、いずれも中央集権の実を挙げて右の改革の趣旨を徹底せんがためにおこなわれた文化事業(5)」であったといわれている。

大化二年正月、律令制度の下で政府は、京の都（南都〈奈良〉）を治め、直轄地を定め、全国を国・郡・里の三段階の行政区画にわけ、京に京職、国に国司、郡に郡司、里に里長を置いた。坊は都城制の一区画であって四町四方をいう。郡と同順位の地方行政区画は「条」であって、各条は国・郡の里に相当する四つの「坊」を管轄した。(6)

「太政大臣以下郡司以上の官人は、それぞれその官に相当する位階を授けられ、その官と位に応じて一定の待遇を受けた」(7)。位階にともなう特権は多く、たとえば納税に関しては、八位以上は庸・調を免除され、犯罪にかかわった場合に、減罪・贖罪を与えられた。つまり郡司以上の官人は、民事上も刑事上もその階級に応じて特権を与えられていたということである。官僚に対する優遇措置はこの時代からあったのである。

養老以降は、官司の統廃合が徐々に行われ、官制は簡易化されていった。一方で律令制度に依拠することのない「令外の官」が増加していった。そして統廃合を免れた律令の官司は、「令外の官」に実権を奪われ、名誉職化していった。

「令外の官」には、関白、蔵人所、検非違使庁・勘解由使庁等があった(8)。

改新の詔によって、従来「臣連伴造」等が私有していた「田荘」を収公し、同時に天皇の私有財産であった「屯倉」を廃止し、すべての土地が公的に天皇の所属であることを明記した。これが大宝令・養老令に依拠する班田収受法である。

同法によりすべての人民は、六歳になれば百姓口分田（滝川は「くもで」とルビ〈一二五頁〉）を授けられた。しかし班給（田を分け与えること）を行うのは、六年に一回の班年（支給決定の年度）においてであるから、人によっては六歳で班給を受け、年廻りによっては一一歳にいたって初めて口分田が支給された。

良民（賤民以外の者）の男子は二段、良民の女子は一段一二〇歩が支給され、男子の三分の二の口分田が女子に支給された(9)。この当時から口分田について、既に男女間格差が存在していたのである。

高齢となり課役（租税）を納め、または夫役（労務の提供）を行うことができなくなった者の口分田は、ただちに減縮することなく、口分田の収公（没収）は、死後に班年が来るまで行われなかった(10)。当時すでに高齢者の所得保障にたいする特別な公的配慮が行われていたのである。

律令の租税は、既述のように租・庸・調の三類型に分かれる。「租」は土地に対して課せられる租税であって納付するのは稲である。「庸」は労働に対して課せられる租税で、納付するのは労働力もしくは労力に代わる財物である。労力を納付することは徭役と呼ばれ、農閑期に行われる夫役であった。また労働により得た賃銀で購入した財物を納付することも許された。「調」とは地方の生産物に対して課せられる租税である。布帛（木綿と絹の織物）・海産物をはじめとし、各地の特産物が納付の対象となった(11)。

税を負担する義務のある者を課口と呼び、納税義務のない者を不課口といった。不課口には、位階の高い者、妻・妾・女、奴婢等も含まれたが、高齢者・年少者・病人等は不課口となった。納税義務を負う課口は、養老令の年齢区分でいう、正丁、次丁、中男であった。次丁は正丁の半分の義務を負い、中男（少丁）は正丁の四分の一の納付義務を負った。「耆」（六六歳以上の者）は不課口であり、課口の者も、その身分・官職・疾病・年齢により課役の全部または一部が免除された。[12] つまりハンディを持つ者に対する税の減免措置が行われていたのである。

戸は家の集合体であるが、行政上の便宜からこれを公法上の一単位とした。戸は里を構成する単位であり、また戸籍構成の単位であった。各戸には戸主がおり、毎年戸籍計帳の基本となる申告書を公的機関に提出し、また戸内の租庸調（そようちょう）を一括して官に納めるのが職務であった。戸は戸口（戸数と人口）の大小、資産の有無により、つぎのように九等級に分類された。上上戸、上中戸、上下戸、中上戸、中中戸、中下戸、下上戸、下中戸、下下戸がそれである。[13] つまり、当時すでに戸籍制度が整備されてきており、等級ごとの資産格差に基づく累進課税制度が実施されていたのである。

また「親族中、三等以上の親族は近親として相互に扶助の義務を負うた」。[14] 現行生活保護法の規定する生活扶助の義務の原典はここにあるといえよう。

1　律令格式

古代律令国家における制定法は、律令格式（りつりょうきゃくしき）に分かれる。「律」は刑事法典である。「令」は民事法典であるが、行政機構、土地や人民の支配等について定めた規定を包含しており、民事法と行政法の重層する領域にあるといえる。

律および令は法典の形式で発布された。律令の部分的改正は法典の改正ではなく、個別の単行法の発布によった。こうした臨時の単行法が「格」である。格は律令の修正・補足について規定した法令である。「式」は、格の施行に必要な細則について定めた法令である。最初「令」が編纂され、続いて「律令」が制定された。

中央集権的軍事国家体制を確立する目的で、大化改新の詔に基づいて編纂に着手し、天智天皇の即位元(六六二)年に完成したのが「近江令」である（二二巻より成り、資料は散逸し、内容は不明である。律の編纂はなされなかったとされている。ただし、反対説あり）。近江令に続いて天武一〇(六八一)年に完成したのが「飛鳥浄御原律令」である（持統三年施行。令は二二巻より成っていたが逸文一～二が残るにすぎない。律については何巻より成っていたのか、またそれが施行されたか否かは不明である）[15]。

大宝律令は、文武天皇四(七〇〇)年に刑部親王と藤原不比等・粟田真人・下毛野古麿が天皇の命を受けて律令の編纂に着手し、大宝元(七〇一)年完成し、翌年より施行された。律六巻、令一一巻よりなる。「大宝律令」は「飛鳥浄御原律令」を整備したもので、天平勝宝九(七五七)年まで半世紀を超えて施行された。しかし大宝律令も早くに散逸し、令義解・令集解に引用されている古記に逸文を留めているにすぎない[16]。

養老律令は、藤原不比等が再び天皇の命を受けて大宝律令を修正し、養老二(七一八)年に完成した。律は一〇巻一二編より成り、令は一〇巻三〇編より成っている。しかしその施行は、制定後三九年を経た天平勝宝九年であって、それまでは、大宝律令が施行されていた。

「令義解」は、養老令の官撰注釈書であって一〇巻から成るものである。本来、注解である義解文に、令の規定と同じ法的効果が与えられた。この『令義解』と私撰の注釈書『令集解』により、現存していない部分をふくめ養老令のほぼその全文を推測することができる。[17]

格式は、弘仁・貞観・延喜の三回編纂された。嵯峨天皇の弘仁一〇(八一九)年に「律令は官を治むるの本、格式は政をなすの宗」[18]という理解のもとに制定されたのが弘仁格式である。弘仁格式は、大宝二年以来の格式を収集し分類・整理したもので、格は一〇巻、式は四〇巻より成るものであったが、散逸し現存していない。

貞観格は、弘仁一一(八二〇)年以降、貞観一〇(八六八)年までに制定・公布された詔勅・官符を編纂し、貞観一一(八六九)年に完成したものである。これは一二巻より成るもので施行は貞観一一年である。貞観式は、補遺として、増補の部分を集め、改正・創設した条文を編纂したもので、貞観一三年に完成した。二〇巻より成るもので弘仁式と併せて用いるものとされていた。また明治初期まで続いた「太政官」の職務が、貞観式第六巻に明記されている。[19]

貞観格式は、弘仁格式と同様に原文が散逸し、現在、類聚三代格および式逸（細則例外事例）よりその原型を推測しうるにすぎない。

延喜格は、弘仁格、貞観格に続いて、貞観一一(八九六)年から延喜七(九〇七)年に至る詔勅・官符（太政官の出す布令）を収集・整理・分類して編纂したもので、一二巻から成る（藤原時平・

紀長谷雄・三善清行が撰進〈選出して君主に奉ること〉した。延喜格は延喜八〈九〇八〉年に施行されたが原文は残っていない)。

延喜式は、弘仁式、貞観式を継受し、これを集大成したもので、五〇巻より成り三千数百条の条文がある。延喜五(九〇五)年に編纂に着手し、貞観格の編纂を行った藤原時平の嫡子忠平が編纂を引き継ぎ、延長五(九二七)年に撰進し、康保四(九六七)年より施行された。編纂に二二年を要し、さらに頒行(法令の施行)までに、なお四〇年を要したのが延喜式である。弘仁式・貞観式は延喜式に継受されたため、延喜式施行後は不要となった(延喜式はその全文がほぼ残存しており検索が可能である。また三大格はその全文を収集し、事項別に分類した類聚三大格によりその内容を知ることができる)[20]。

律令格式は、奈良朝より平安中期までは、国の依拠すべき基本法として曲がりなりにも実施されてきた。しかし、それ以降、律令制度は徐々に形骸化してゆき、政治的権力の中枢が変わるのにともない、律令格式による社会的規制は衰退していった。その原因の一つとして瀧川は「遣唐使の廃止等によって外国の刺激が薄らいだこと」[21]を挙げている。とはいえ、天皇を中心とする律令国家は存続し、また、しだいにその効力を失いながらも律令格式は、明治初期まで有効な法令として機能していた。

それゆえ維新後も太政官制度は残り、現行生活保護法の原典となった、「養老令」戸令の鰥寡条は恤救規則に継受され、明治七年太政官達七号として公布されたのである。

2　刑事法制

飛鳥浄御原律令が制定された天武一〇（六八一）年以降、「律」は主要な刑罰法規集であった。その目的は、犯人を懲戒して矯正することにあった。弘仁格式の序もこの精神に徹することを明記している。「律」は、被害は少なくとも、反道徳的な行為を重く罰している。しかし社会防衛が刑罰の本質であることを等閑に付することはなかった。延喜格序はこのことを明らかにしている。同時に、律は、本質的には応報主義的な性格を有するものであったが、犯罪の発生後判決に至るまでの間に律が格により改正された場合は、その軽きに従って処断された。犯罪者の処罰に関するこうした配慮は、当時すでになされていたのである。

律の刑には、一般の者に科せられる正刑と有位者・僧尼に科せられる閏（じゅん）刑があった。正刑には「笞（ち）」「杖（じょう）」「徒（ず）」「流（る）」「死」の五刑があった。「笞」は一〇より五〇までの五段階のむち打ち、「杖」は六〇より百までの五段階のむち打ち、「徒」は一年より三年までの五段階の拘禁刑である。「流」は遠方への流刑であって、死刑につぐ重罪に適用された。これには、京からの遠近による近流・中流・遠流（おんる）の三種があった。「死」には絞刑と斬刑の二種があった。これらの刑は、場合によっては本刑に代えて、贖銅（しょくどう）（銅で納める罰金）を徴することで代替することができた[22]。

名例律（みょうれいりつ）は、犯罪の成立には故意・過失があることを要件としたが、刑事責任能力については、年齢および障害の有無・程度による特別措置が実施されており、犯罪者を刑事責任能力者・限定的刑事責任能力者・刑事責任無能力者の三つのカテゴリーに区分していた。責任能力の有無は、行為時ではなく受刑時において判断された[23]。

刑事責任無能力者となるのは、七歳未満の者、九〇歳を越えた者である。これらの者は、いかなる犯罪を犯そうとも処罰されることはなかった。

限定的刑事責任能力者は、二つの類型に分けられた。

第一類型は一〇歳以上一六歳までの者、七〇歳以上八〇歳までの者および「癈疾者(ママ)」（障がい者）である。これらの者は、死刑にあたる罪を犯した場合は、刑事責任能力者と同様に取り扱う。しかし流刑以下の刑にあたる罪を犯した場合は、贖(しょく)（罰金刑）をもって代替するものとした。ただし情状がとくに重い場合は、流刑に処せられたが、配所（流刑地）における労役は免除された。

第二類型は八〇歳以上九〇歳までの者、七歳以上一〇歳までの者および篤疾者（重病人）である。これらの者は、反逆・殺人・盗・傷人以外の罪を犯した場合は、刑を免除した。反逆・殺人を犯し、死刑に処すべき場合でも上請(じょうしょう)（天皇の裁決を仰ぐこと）して刑罰を決定した。盗・傷人を犯した場合は、贖をもって代替することとした[24]。

律令制の下での刑事訴訟手続きは、原則として糺弾主義であった。したがって被告人を拷問にかけることができた。しかし七〇歳以上の高齢者、一七歳以下の年少者、懐胎の婦女を拷問にかけることは許されなかった[25]。

つまり高齢・年少・障がい・疾病・妊娠中の者に対する特別処遇が「律」において規定され、実施されていたということである。このことは、当時すでに刑事法においてすらハンディを持つ者に対する保護立法といえる規定が存在し、福祉的配慮がなされていたということであり、こうした特別な配慮は必要であることを施政者も民衆も認識していたといえる。

3　民事法制

令制度のもとにおいて養老令の戸令第六条は、性別・年齢別により、権利能力・行為能力に差異があると規定している。年齢区分は、黄・小・中(男)・(正)丁・老(男)・耆の六段階に分かれた。「黄」は三歳まで（四歳未満）の男女であり、大宝令ではこれを緑児（りょくじ）と呼んだ。「小」は四歳以上一六歳（一七歳未満）の男女である。「中男」は一七歳以上二〇歳（二一歳未満）の男女である。「正丁」とは二一歳以上六〇歳（六一歳未満）までの者をいう。「老男」とは、六一歳以上六五歳までの者である。「耆」とは六六歳以上の者である(26)。

養老令の儀制令（ぎせいりょう）は、親族の範囲を五等親に限定してその身分を列挙した。「一等親」は、実父母、養父母、夫、子、養子である。「二等親」は祖父母、嫡母（父の正妻）、継母、伯・叔父姑（おば）、兄弟姉妹、夫の父母、妻妾、甥、姪、子の妻、父の妾、子の妾である。「三等親」は、曾祖父母、伯・叔父の妻、夫の姪、従父兄弟姉妹（父母の兄弟姉妹）、異父兄弟姉妹、夫の祖父母、夫の伯・叔父姑、甥の妻、継父、同居の夫の前妻・妾の子である。「四等親」は、高祖父母（祖父母の祖父母）、従祖父母（祖父母の兄弟姉妹）、夫の兄弟姉妹、兄弟の妻・妾、再従兄弟姉妹（またいとこ）、外祖父母（母方の祖父母）、舅・姨、妻・妾の前夫の子である。「五等親」は妻妾の父母、姑の子、舅の子、姨（おば）の子、玄孫（ひ孫の子）、外孫（娘が他家へ嫁いで産んだ子）、女婿（娘の夫）である。[27] この年齢区分ならびに親族の範囲は、口分田の収受・課役・権利の行使・侍丁（介護者）の付与・子の懲戒権等の基準となった。

中央集権制度のもとで制定された以上のような制度に基づいて、古代律令国家において隋・唐の制度をモデルとしながら日本の保護・救済立法つまり社会福祉法制は創設されていったのである。

注

（1）大竹秀男・牧英正編『日本法制史』昭和五二年、青林書院新社、一二頁
（2）中田薫『法制史論集』第四巻、昭和三九年、岩波書店、二頁
（3）同書三頁
（4）瀧川政次郎『日本法制史』昭和四六年、角川書店、一〇五頁
（5）同書九三－四頁
（6）同書一〇九－一一〇頁
（7）同書一一〇頁

(8) 同書一一二頁
(9) 同書一一八頁
(10) 同書一二四頁
(11) 石井良助『日本法制史概要』昭和五〇年、創文社、四〇頁
(12) 同書四三頁
(13) 瀧川・前掲書一八八頁
(14) 石井・前掲書六〇―六一頁
(15) 瀧川・前掲書九五―九六頁
(16) 瀧川・前掲書九六頁。石井・前掲書二七―二八頁
(17) 國學院大學日本文化研究所編『日本法制史料集完結記念法制史料編』平成一一年、國學院大學、一七頁
(18) 瀧川・前掲書九八頁
(19) 虎尾俊哉「三大式と神祇史研究」神道研究所紀要一六輯二頁
(20) 石井・前掲書二八頁
(21) 瀧川・前掲書一〇二頁
(22) 石井・前掲書四九頁
(23) 大竹・牧・前掲書七五頁
(24) 井上光貞・関晃・土田直鎮・青木和夫・校注『律令』二〇〇一年、岩波書店、四〇―四一頁
(25) 平場安治『少年法』昭和六二年、有斐閣、四四頁
(26) 瀧川・前掲書一六五頁
「凡男女。三歳以下為レ黄。十六以下為レ小。廿以下為レ中。其男廿一為レ丁。六十一為レ老。六十六為レ耆（後略）」（井上光貞他・前掲書二二六頁）
(27) 瀧川・前掲書一八九―一九〇頁

二　古代律令国家における社会福祉法制

現行の社会福祉法制の萌芽といえる法令は、主として律令格式の中にみられる。わが国が、天皇を中心とする中央集権的律令国家として国家機構を整備した時期に、年少者・高齢者・障がい者・病者・困窮者に対する特別措置に関する規定が成文化されていった。それは体系化されたものではなく、律令格式ならびに詔宣（しょうせん）（重大事項について、天皇の意思を伝える臨時の公文書）の中に個別に、また時期を異にして置かれていた。

こうした「苦」をもつ者への配慮は、制度を形成した施政者に、当時の外来宗教である仏教の「慈悲」が、思想的拠り所となっていたのであろう。しかし律令国家の中期に摂政が置かれ、末期には院政が実施され、天皇が有名無実の存在となっていくにともない、生活上のハンディをもつが故に自存できない者に対する特別措置が形骸化していった。つまり古代律令国家における社会福祉法制は、天皇を中心とする中央集権制度と一体のものとなり、民心掌握の方策として創設され、衰退していったのである。

1　救貧制度

古代律令国家においては、対象別に自存できない者に対する保護救済制度が成文化されていた。その基本となるのは、養老令戸令三二条に規定されている鰥寡（かんか）条である。同条は、近江令・飛鳥清御原令・大宝令を継受して整備された現在検索可能な窮民救済原則に関する条文である。

凡鰥寡。孤独。貧窮。老疾不レ能二自存一者。令二近親収養一。若無二近親一。付二坊里一安䘏。如在レ路病患。不レ能二自勝一者。当界郡司。収付二村里一安養。仍加二医療一幷勘二問所由一。具注二貫属一患損之日。移二送前所一（1）

「鰥」とは、六一歳以上で妻のない者、「寡」とは、五〇歳以上で夫のない者、「孤」とは一六歳未満で父のない者、「独」とは六一歳以上で子のない者、「貧窮」とは生活に困窮している者、「老」とは六六歳以上の者、「疾」とは障がい者をさしている。これらの者が自活できない場合は、まず親族に扶養させ、親族がいない場合は、都市においては坊に、農村においては里に委託して、養わせる旨規定した。つまり親族扶養を優先させ、それができない場合には地域に委託したのである。

この窮民救済に関する規定は、すべての者に平等に適用された。この規定は、わが国における家族制度を母体としており、その後、長期にわたり基本的救貧規定であったばかりでなく、その精神は、その後のわが国における窮民救助事業の基盤となり[2]、さらに既述のように、明治七(一八七四)年制定の恤救規則もまたこの法令の精神を復活したものにすぎないといわれている。そしてその趣旨は現行生活保護法四条二項に継受されている。

この時代の救貧行政の基盤となったのは、当時の行政組織であった五保の制度である。既述のように大化改新は、それまでの天皇の直領地の一部をのぞいて、氏族が支配していた土地および人民を公収して、新たに国・郡を置いたが、その下にさらに里と坊があり、五〇戸を里として里ごとに長を一人置いた。郡は坊にわけ、坊ごとに長一人を、四坊に令（長）一人を置いた。戸は家長を戸主として五家が集まって組織し、そのうちの一人を長としたもので、これを五保と呼んだ。五保は、最小の地方行政の単位であって、戸籍・警察・租税・勧農に関する国の事務とともに救貧事務を担当した。そしてこれらの事務の施行については、五保に一定の義務を課して、相互に検察（けんさつ）（証拠に基づいて事実を明らかにすること）させた。さらに国司は、その管下の郡を巡行して百姓の実態を調査し、救貧行政が円滑に運営されているかどうかについて巡察（じゅんさつ）（情況調査のための巡回視察）する義務を負うこととした。

五保の制度は唐の制度を踏襲したものであって、立法の本来の目的は、浮逃（浮浪）、隠避を防止することであって、戸籍上および治安維持等の理由から作られたものであるが、窮民救助の行政組織としても効果を上げた。[3]

政府の賑給（しんごう）（公的給付）についての規定は、当初はなかったが、醍醐天皇の時代に、これに関する手続規定が設けられた。これが延喜式の賑給条である。

凡諸國申レ應レ賑二給百姓一者。具注二歴名一言上。不レ得三直申二其状一。

凡遣二賑給使一。奏二國解一訖即仰二式部一。二日之内進二擬使文一。同日辨官修レ符請レ印。訖五日内使者發去。若致二闕怠一者。尋レ情勘當。臨時緩急之使亦同[4]

同条は、諸国の百姓を賑給すべき者は、つぶさに賑給の対象となる者の暦名（りゃくみょう）（氏名）を注（記録）して言上させ、賑給使を派遣するにあたっては、國解（こくげ）（諸国からの公文書）を奏上させ、終わってから二日以内に式部（式部省の略、太政官八省の一つ）に命じて、これを進め、同日官（政府）は、符（上級官庁が下級官庁に下した文書）を修め請印し、終ってから五日以内に使者を出発させる旨規定した。闕怠（けたい）（手抜き）を致す者は、事情をたずねて勘当（かんどう）（罪を考えて法を適用すること）された。この規定は臨時緩急の使者にも同様に適用された。[5]

また延喜式の中に次のような規定がある。

凡綿一百五十屯。古弊幄四宇。毎年冬季充二施薬院一。均分給二彼院及東西悲田病者孤子等一[6]

施薬院および悲田院は、聖徳太子が難波（なにわ）に創設した救貧施設であるが、奈良時代（平城京に都が置かれた時代）に入って、元正天皇ならびに光明皇后によってそれぞれ別個に設置された。しかし、都が平安京に移されてから、これらの施設は荒廃していった。そこでさらに京の都の中に東西悲田院が公費で設置されたのである。延喜式に記されている施薬院および悲田院はこれをさしている。[7]

なお百姓のための救済制度として出挙（すいこ）の制度があった。出挙には公出挙（くすいこ）と私出挙がある。これは古くから貸稲（いらしのいね）と称して行われていた農業金融の制度であって、春に稲穂や財物を貸出し、秋に収穫した農産物の収益の中から一定の利息（三割〜五割）を収納するものであった。

公出挙について天武天皇の四（六七五）年四月壬午（みづのえうま）（九日）の詔（みことのり）には、次のように書かれている。

> 諸國の貸税、今より以後、明に百姓を察て、先づ富貧を知りて、三等に簡び定めよ。仍りて中戸より以下に貸與ふべし[8]

この詔により、貸稲は、以後、百姓の貧富を量ってこれを三等に分け、中戸以下の者のみに貸与できる旨定められた。しかしながら後には、その利稲で国費を支弁することとなり、富める百姓でも稲の貸与を受けることが義務づけられ、利稲を支払わねばならないこととなった。

つまり公的貸稲の利息が租税の性格を帯びるようになってきたのである。このようにして出挙の制度は、貧農救済という意義を失っただけではなく、これによって農民の負担を過重にし、納期に定められた利稲を支払うことができないために逃亡する「貧農」を生みだした。(9) その結果この制度は「貧農」の放逐策となり、一方で富農の所有地が増大する結果を招くこととなった。

慶雲二(七〇五)年四月壬子(みづのえね)(三日)、同年の水旱(すいかん)(洪水とひでり)による災害に即応して出挙の利の免除・庸の軽減に関するつぎのような詔が出された。

詔曰。朕以二菲薄之躬一。託二于王公之上一。不レ能下徳感二上天一仁及中黎庶上。遂令下二陰陽一錯謬。水旱失レ時。年穀不レ登。民多中菜色上。毎レ念二於此一惻二怛於心一。宜レ令下五大寺讀二金光明經一。爲上レ救二民苦一。天下諸国。勿レ収二今年擧稅之利一。幷減二庸半一。(10)

これは、災害により被害を受けた者の租税の支払いを免除し、また租税の額を軽減するもので、税の減免により「貧農」の生活を護るための窮民保護制度であったといえる。また同条は後述する災害に対応する施策でもあった。

救貧行政に関しては和銅五(七一二)年五月一六(甲申(きのえさる))日に、郡司の勤務規定を示し、郡司が窮乏している者の救済行政機関であることをつぎのように呈示した。

太政官奏偁

郡司有能繁殖戸口。増益調庸。勸課農桑。人少匱乏。禁斷逋逃。粛清盗賊。籍帳皆實戸口無遺。割斷合理。獄訟無寃。在職匪懈。立身清愼。其居官貪濁。處事不平。職用既闕。公務不擧。侵没百姓。請託公施。肆行奸猾。以求名官。田疇不開。減闕租調。籍帳多虚。口丁無實。逋逃在境。畋遊無度。其又百姓精務農桑。産業日長。助養窮乏。存活獨惸。孝悌聞閭。材識堪幹。其若有郡司及百姓准上三條有合三勾以上者。國司具状附朝集使。擧聞。奏可之(11)

つまり救貧行政の責任のあり所を明らかにし、郡司の怠業をいましめ、同時に相互扶助の促進を郡司の責務としたのである。救貧行政担当機関ならびに担当役人の遵守すべき職務規定といえよう。

当時においても、賑給の不正受給ならびに不公正な濫給が行われ、これを改めるために、弘仁一〇(八一九)年五月二一日、飢民賑給の数等を詐ることを糺す、つぎのような太政官符が出されている。

太政官符

應國司申政詐不以實奪其公廨事

一　詐増二賑給飢民數一事

右戸令云。凡遭二水旱灾蝗一。不熟之處少レ粮應三須賑給二者。國郡撿レ實。預申二太政官一奏聞。詐僞律云。詐三欺官私一以取二財物一者准レ盗論。注云。監主詐取自依二盗法一。有レ官者除レ名倍贓如レ法。未レ得者減二二等一者。然則言上之日須レ録二其實一。不實之罪律文明白。而今諸國所レ申賑給。遣レ使覆撿与二實既遠。假令國司所レ申飢民十万。使者實録只此五万。若不レ捜レ實五万既隱。國之爲レ例既而有レ之。其受委之吏須レ守二朝章一。贓賄之毀廉人所レ恥。金科既脩玉條亦明。此而不レ糺「行」何得二粛清一。

一　詐二申官舎堤防等破損一并詐二増支度數一事

右撿二交替式一偁。官舎脩池等破損。年中所レ修毎レ年奏聞。交替之日依レ帳撿レ實。如有二闕怠一。仍停二解由一。太政官去弘仁四年九月廿二日符偁。前時破損後人作レ之。其析物者割二前司公廨一充レ之。如無二公廨一徴二用私物一。待二修理訖一乃許二解由一。其於二郡司一作レ差徴レ物亦同二國司一者。而或國阿二容前人一不レ求二其損一。或國「司」交替撿挍漏而不レ勘。如レ此之類修理之日後人出レ料依レ格可レ作。既隱二前怠一巧稱二後損一。事乖二公途一多失二官物一。又營繕令云。凡有レ所二營造一及和雇造作之類。所司皆先録二所レ須惣數一申二太政官一者。其支度之數依レ實須レ申。不實之罪亦同二上條一。而今諸國所レ申支度。遣レ使覆撿多有二不實一。假令國申二單功万人一。使人捜レ實只此五千。如レ此之行諸國不レ免。公廉之吏豈其然哉。

一　詐増二損田數一事

（前略）以前事條具レ件如レ前。今被二大納言正三位兼行左近衛大将陸奥出羽按察使藤原朝臣冬嗣宣一偁。

奉レ勅。爲レ吏之道須レ致二忠貞一。不實之吏理須二懲革一。宜下准レ所レ詐奪二其公廨一。兼處二法律一以懲中將來上（後略）

弘仁十季五月廿一日(12)

こうした内容の太政官符が出されたということは、当時の地方行政機関は、その業務の中に窮民救済を所掌としていたが、担当する役人が保護救済費の水増し申請を行い、給付品を窮民に渡さず一部着服し、不正に受給していた実態があったということであろう。同太政官符はこうした役人を減俸に処し、将来の昇進についても停止することを警告したものである。

天長一〇（八三三）年七月六日の格によれば、次のように賑給（しんごう）の支給基準を定めている。

太政官符

應二賑給法依一レ例事

右撿二案内一太政官去六月三日下二五畿内七道諸國一符偁。賑二給飢民一之料稲。大國十万束。上國八万束。中國六万束。下國四万束者。右大臣宣。雖下随國大少二下中知彼料上。而賑給之法非レ無二恒例一。宜レ給二大男三束。中男大女二束。小男小女一束。若口少稲剰者。實録言上。人多稲少者。只盡二符内一(13)

これによる給付の額は、大男（二一歳以上の男子）には稲三束、中男（二〇歳以下一七歳以上の男子）と大女（二一歳以上の女子）は二束、小男小女（三歳以上一六歳以下の男女）は男女とも一束の給付である。つまりこれにより、賑給（生活保護費）の支給額を年齢別、性別により区分することが定められ、一六歳以下の者を除き男女間格差が確立した。中女の支給基準については記述がない。

仁寿四（八五四）年一〇月一日、飢民等の賑給は、度数を言上せよという内容の、つぎのような格が出された（同年一一月三〇日より斉衡に改号）。

太政官符

應下依レ實言中上損并不堪佃田疫死百姓賑給飢民及破損官舎堤防䒭上叓

右案二弘仁十季五月廿一日格一偁。國司申レ政詐不レ以レ實。奪二其公廨一兼處二法律一。又科二懲郡司一一同二國吏一者。頃年諸國司䒭不レ陳二實數一。浪致二増加一。格後漸曠既忘二科責一。被二右大臣宣一偁。奉レ勅。朝家薦論㝡在二官長一。選當二清望一寄重二分憂一。如今既擇二良牧一更加二官使一。屋下架レ屋寔爲二煩畳一。宜下自今以後。官長親自巡省。子細撿定依レ實申送上。若所レ申過多。稍渉二疑殆一者。叓不レ獲レ已。乃遣二朝使一。使者覆覈。或有二乖違一。准二其所レ詐。論如二前格一。但奪レ俸科レ罪。叓似二重酷一。須下宥二其俸一只如中其罪上。凡厥犯觧之後。一切不二復叙用一。俾下彼濫穢之徒永絶中栄進之望上。其科二決郡司一亦復准レ此者。但損田荒田言上之期。承前程限叓爲二促近一。宜下不堪佃者八月之内申。損田者預申二損状一十月内申。其遠國九月風水之損通二計行程一。一依中前格上。庶幾専城之宰宣レ威難レ犯。論道之官提レ綱

易レ擧(14)

仁壽四年十月一日

その概要は、つぎのとおりである。

近年多くの地方役人は、災害の実数を詐り上乗せして申告している。役人は清廉であらねばならない。もし今から良き地方官を任命するのであれば、今より上位の官位を授けよ。わずらわしいことではあるが、今後、長官は自ら被害状況を巡察し実状をくわしく査定し申告するように。過剰申告の疑があれば、やむをえず朝家（朝廷）の使者を派遣し詳しく調査する。その額が違っておれば、その詐りに准じて処分する。しかし報酬を奪ったり罪を科することは酷にすぎるので行わない。しかしその後は、その者は役職に復帰することはできない。そのような不正申告を行った者の昇進の望みは絶たれる。ただし、損田・荒田に関する具申の期間は前例に従う。具申はすみやかに行い、耕作に堪えない田については八月中に具申し、損田は預り調査し、一〇月中に損壊状況を具申する。遠国については、風水害による損失の程度を「前格」に依り通計して九月中に具申すること。願わくば各地域の長・高官は、専ら侵し難き威厳をもって筋道をたてて綱領をあらためてとりあげ、調査官に呈示すること。

つまり水増し請求による不正受給は、弘仁一〇年五月二一日の格が出された後も度々行われていた。そこで改めて疫病で死んだ百姓、損なわれた田畑、賑給を必要としている飢民、破損した住宅・堤防を実数で報告することを厳しく求めたのである。しかし被害の過剰報告等の役人の不正に対しては、役職剝奪・昇進停止に止めた。処分には温情があったということである。なお公廨（くげ）とは役所のことである。

延長五（九二七）年一二月二六日、救貧行政機関の活動として延喜式により、つぎのように賑給使派遣の件が定められた。

凡遣二賑給使一。奏二國解一訖即仰二式部一。二日之内進二擬使文一。同日辨官修レ符請レ印。訖五日内使者發去。若致二闕怠一者。尋レ情勘當。臨時緩急之使亦同(15)

賑給使派遣の手続き、期間、この要件を遵守しなかった場合の処罰等について定めたのがこの規定である。このことは延喜式において、賑給実施機関に関する手続規定が整備されたということである。

天暦七（九五三）年七月五日、賑給料として給付されていた稲の削減を定める規定が、つぎのように公布された。

左大弁大江朝臣朝綱傳宣
左大臣宣。賑給之法。古今不レ同。天長十年七月六日格云。賑給料稲。大國十万束。上國八万束。中國六萬束。下國四万束。而天安以後。延喜以往。依二國申請一。随レ時增減。延長二年九月廿二日官苻偁。賑給之事。待レ使可レ行之状。下知先了。且遣二使五畿内及近江。丹波等國一。當二班給之日一。其用稲尤多者。近江二万束。折中之法。准量可レ知。仍須下大國二万束已下。上中下國降殺之法。准二天長十年七月六日格一。遞爲二等差一。依レ實勘定上者。然猶諸國申請之數。多少任レ意。公家裁定之日。准的難レ取。論二之政途一。似レ無二定法一。宜下依二延長二年例一。大國二万束已下。上中下國降「隆」殺合レ行。一如二先苻一。自今以後。立爲中恒例上者(16)

天長一〇(八三三)年七月六日の格によれば、施政者が賑給料として給付するため基金として拠出を求められる稲の額は、大国一〇万束・上国八万束・中国六万束・下国四万束となっている。しかし天安（八五七〜八五九）以降、延喜（九〇一〜九二三）までは、各国の申請にもとづき、必要に応じて増減していた。延長二(九二四)年九月二二日の公文書によれば、賑給の件は使者を用いてあらかじめ了解をとって行うべきことを命令している。かつ使者を五畿内（大和・山城・河内・和泉・攝津の五カ国）および近江・丹波等の国に派遣する。給付の日に、そのために用立てる稲がもっとも多いのが近江の二万束であった。折中の法に準じて検討すると、大国は二万束以下、上中下国は、削減則により、天長一〇年七月六日の格に準じて、それぞれ等しい差とせよ。それは実態に依って算定すること。しかし、なお申請の数には多少の裁量があってよい。公の裁定日の基準を採用し難い場合は、政治的条理の見解では、定められた方法によらなくともよい。延長二年の例に依って、大国は二万束以下とし、上中下国は削減則の前例に合わせて実施する。ひとえに以前交付された公文書に従うこと。今後は恒例を保持して行うこと。

左大弁とは太政官左弁官局の職員で兵部・刑部（ぎょうぶ）・大蔵・宮内の四省を支配・監督する者をいう。

この宣は、地方の国に、従来どおりの賑給を行うための拠出を続ける力がなくなったため、暫時これを削減していくことを左大臣藤原実朝が定めたことを下知（げち）（命令）するものである。苛酷すぎる徴収は、かえって稲が集まらず、税収を減少させるということを施政者が理解していたということである。

一方で、京の都の中に病人や行旅（こうろ）病人、貧困者が増加していった。そこで正暦五(九九四)年四月八日、「臨時賑給使任命ノ件」を出し、つぎのように命じたのである。

権大納言藤原伊周卿参㆓着左仗座㆒。被㆑定㆓行臨時賑給使㆒。是京中臥㆑病乏㆑食之輩被㆑行也。道路病人連々不㆑絶(17)

京の都の中に病に伏し食事に事欠く者が道にあふれ、行旅病人が引き続きあとを絶たない。それゆえ現行制度を再検討するため調査が必要となった。そこで権大納言（定員外の大納言であるが、大臣につぐ官職）藤原伊周（これちか）卿が左近衛の詰所にやって来た。臨時の賑給使が常駐して調査を行うため着任したということである。

このことは、天皇を中心とする中央集権的律令国家の権勢が行き渡り得なくなっていたという政治的背景があってのことであろう。瀧川は既述のように「法律の変遷は政治の変遷と必ずしも相伴うものではない」と述べているが、福祉制度は政治や社会の実態とスライドしながら改廃していかざるを得ないのであり、その前提として、この時代から調査が実施されていたのであろう。

注

（1）井上光貞・岡晃・土田真鎮・青木和夫・校注『律令』二〇〇一年、岩波書店、二三五頁
（2）富田愛次郎『日本社会事業の発達』巖松堂書店、昭和一七年（復刻版、平成八年、日本図書）八四頁
（3）同書八五頁以下
（4）黒板勝美編・国史大系第㉖『交替式・弘仁式・延喜式』平成一一年、吉川弘文館（オンデマンド版）三三〇頁
（5）富田・前掲書八六頁
（6）黒板・前掲『交替式・弘仁式・延喜式』七三四頁
（7）富田・前掲書八六頁
（8）坂本太郎・家永三郎・井上光貞・大野晋校注『日本書紀』下（天武四年の条）、二〇〇三年、岩波書店、四一八頁
（9）富田・前掲書八八頁
（10）黒板勝美編『続日本紀』前編、二〇〇九（平成二一）年、吉川弘文館、二二頁
（11）同書四八頁。林陸郎校注訓訳『完訳注釈続日本紀第一分冊』一九八九年、現代思潮社、九八―九九頁

(12) 黒板勝美編『類聚三大格』前編、二〇〇三年、吉川弘文館、二九四―二九六頁
(13) 同書二九七頁
(14) 同書二九六―七頁
(15) 黒板・前掲『交替式・弘仁式・延喜式』三三〇頁
(16) 黒板勝美編『政治要略』国史大系第二八巻、平成一二年、吉川弘文館(オンデマンド版)五〇九―五一〇頁
(17) 黒板勝美編『本朝世紀』(新訂増補)国史大系第九巻、二〇〇三年(平成一五)、吉川弘文館、一八三頁

2 災害救助制度

わが国は、地勢風土の関係から災害が発生しやすい条件を抱えている。そのため、災害救助制度は古くから発達していた。

律令制度のもとで、既述のように正税として租庸調があったが、この他に雑税があった。雑税は義倉と公出挙(くすいこ)のため支出された。つまり福祉目的税であったのである。

義倉は天智天皇の時代に隋・唐の制度を継受して設けられた。これは資産・収入の格差にもとづいて分類された、既述の九等の戸の等級に応じて拠出された一定額の粟を備蓄する倉庫をいう。ここに貯えられる粟は、凶作の年の救恤に充てることを目的とするもので、一種の相互的凶歳保

障であるが、その納付が強制的に義務づけられていた点で「税」であるとされた。[1] 納付の対象となる穀物が「粟」とされていたのは、長期にわたる保存が可能であったからである。

　慶雲三(七〇六)年乙亥朔庚寅(きさらぎかのえとら)（二月一六日）、文武天皇の勅旨により「義倉による恤救の適正実施」に関する勧告が、この業務に従事する役人に対して出された。

庚寅

制二七條事一。准レ令。（中略）一位以下及百姓雑色人等。皆取二戸粟一以爲二義倉一。是義倉之物。給二養窮民一。預爲二儲備一。今取二貧戸之物一。還給二乏家之人一。於レ理不レ安。自レ今以後。取二中々以上戸之粟一以爲二義倉一。必給二窮乏不レ得二他用一。若官人私犯二一斗以上一。即日解レ官。隨レ贓決罰[2]（後略）

その概要は以下のとおりである。慶雲三年二月一六日制定の七条により、賦役(ふえき)令に準じて一位以下の者・百姓・雑色等までが、各家の粟を郷戸の物として拠出し、これによって義倉をつくった。義倉にある粟は、窮民を養うために給与する目的で、災害に備えてあらかじめ備蓄する穀物である。これを個別に貧しい家より納付させることは道理に合わない。今後は中々以上の戸の粟を出させて、義倉に備蓄するようにせよ。本条により、義倉に集めた穀物を私的な目的のために流用した役人は即日解任し、また流用した粟の量に従って処罰を受けることとする。

　これは義倉制度がその本来の意義を失い、災害時の救恤に使われず他に流用されるようになってきていたことへの警告である。また義倉への拠出が強制されていたため、一位以下の者・百姓・雑色に税と同じ負担をもたらしていた。

そこでこの勅旨により義倉の有した本来の趣旨を逸脱した運用を規制することになっていったのである。このことは窮民に給与するはずの穀物に対する役人の着服が、刑罰的取締りを必要とするまでに横行していたということであろう。

霊亀元(七一五)年五月一九日、義倉の粟の拠出について九等の段階に区分することがつぎのように令示された。

己亥。太政官奏。更定㆓義倉出㆑粟法㆒。分爲㆓九等㆒。語在㆓別格㆒(3)

ここにおいて、貧富の程度により粟の拠出額に格差をつけるという一般原則が定められたのである。つまり累進課税制度の導入である。

養老二(七一八)年に制定された養老令戸令の賦役令第六は、義倉の備蓄基準をつぎのように規定した。

凡一位以下。及百姓雑色人等。皆取㆓戸粟㆒。以為㆓義倉㆒。上々戸二石。上中戸一石六斗。上下戸一石二斗。中上戸一石。中々戸八斗。中下戸六斗。下上戸四斗。下中戸二斗。下々戸一斗。若稲二斗。

大麦一斗五升。小麦二斗。大豆二斗。小豆一斗。各当㆓粟一斗㆒。皆与㆓田租㆒同時収畢[4]

つまり一位以下の位階にある者、百姓、雑色（ぞうしき）（蔵人所に属する下級職員）は、災害にそなえ粟を義倉に拠出すること。その拠出額は、既述の戸の九段階に応じて上上戸は二石、上中戸は一石六斗、上下戸は一石二斗、中上戸は一石、中中戸は八斗、中下戸は六斗、下上戸は四斗、下中戸は二斗、下下戸は一斗とする。また稲二斗、大麦（おおむぎ）一斗五升、小麦（ほそむぎ）二斗、大豆（まめ）二斗、小豆（あづき）一斗を、それぞれ粟一斗に換算してよい。これは田租と同時に収めおえよ、とした。粟は保存期間が長いので換算率がよかったのである。

養老令の賦役令の戸令（養老二〈七一八〉年）の遭水旱条（そうすいかん）は、水害等にあった者の公的給付受給手続について、つぎのように規定している。

凡遭㆓水旱灾蝗㆒。（中略）不熟之處。少㆑粮應㆓須賑給㆒者。（中略）國郡撿㆑實。預申㆓太政官㆒奏聞[5]

水害・ひでり・いなごによる虫害などの自然災害に遭遇して、農作物が育たず収穫が少ないため公的給付が必要となった者は、居住地の役人の検分を経た上で、太政官を通じて天皇に奏上せよということである。つまり天皇の責任で被災者に対する給付が実施されていたのである。

細則について規定している二行取の部分は（中略）とした。以下同じ。但し二行取の部分が本文の説明に欠かせない場合は、あえてこれを収録した。

また、賦役令第九は、つぎのように規定して凶作の年の税の減免方法を定めた。

凡田有㆓水旱蟲霜㆒。不熟之處。國司検㆑實。具錄申㆑官。（略註）十分損㆓五分以上㆒免㆑租。損㆓七分㆒。免㆓租調㆒。損㆓八分以上㆒。課役俱免。（中略）若桑麻損盡（中略）者。各免㆑調。（中略）其已役已輸（中略）者。聴㆑折㆓來年㆒(6)（後略）

つまり、水害・旱魃（かんばつ）・いなごの害・冷害などの自然災害により農作物が不作の年は、国司の検分を経て、具体的な損害の記録を役所に提出すること。一〇割から五割以上の損害については「租」を免除する。七割の損害については「租」と「調」を免除する。八割以上の損害であればこれに加えて課役も免除する。桑や麻など繊維製品の原料が全損した場合は、「調」を免除し、これらの損害については次年度の課役の減免に繰り延べることができる。

現行税制の損失の繰延制度が二年に限って（現行制度は三年）当時から実施されていたのである。

ついで孝謙天皇天平宝字二（七五八）年五月二九日の太政官符はつぎのように規定している。

太政官符

應㆔諸國義倉依㆑實令㆑輸并□㆓給用法㆒叓

右諸國義倉輸少用多。甚乖二格旨一。仍撿二去慶雲三年格一。自今以後。取二中〻（々）已上戸之粟一以爲二義倉一。又案二和銅八年格一。諸國所レ輸義倉數少。儻年不レ熟何以救レ飢。自今以後。資財准レ錢卅貫以上爲二上〻（々）戸一。廿五貫以上爲二上中一。廿貫以上爲二上下一。十五貫以上爲二中上一。十貫以上爲二中〻（々）一。今撿二諸國義倉一。國勢略同。所レ輸懸隔。又至二給用一諸國不レ同。或以レ斗爲レ差。或以レ升爲レ法。窮民是一。賑給各殊。自今以後。依レ實令レ輸。其給用法者量二貧乏差一以レ斗爲レ基令レ得二存濟一

天平寳字二年五月廿九日（7）

この規定は、災害時の窮民に対する義倉からの給付は、貧困の実状をまず調査し、これに応じて給付することを明らかにしたものである。その給付の額は貧困の程度に応じて「斗」を基準とすることとした。

しかしながら義倉制度は容易に法令どおりに実施されず、穀物の納付義務を有する五位以上の富裕層が納付の義務を果さないため、穀物倉はしばしば供給不足となり、また給付の基準も統一を欠き、窮民の受けとる分量が異なる等の弊害が瀕発した。（8）

そこで延喜二一（九二一）年、延喜式において、有位者の輸穀額ならびに出納管掌の実務に関する規定が設けられた。

凢輪二義倉穀一者。一位五斛。二位四斛。三位三斛。四位二斛。内五位一斛。外五位五斗。上上戸二斛。上中戸一斛六斗。上下戸一斛二斗。中上戸一斛。中中戸八斗。其帳至レ寮即更造二帳二通一。一通申レ省。一通留レ寮。若有レ損二去年一返二却其帳一。若應二賑給一者。國司熟量二貧乏一。人別班二給一斛已下一斗已上一。惣所二給用一。不レ得レ過二一年所レ輸數一。若應過二此數一。即言上聴レ裁(9)

官位にある者は、一位は五斛（石）、二位四斛、三位三斛、四位二斛、五位は一斛、五位以下は五斗を納める。農民は、上上戸二斛、上中戸一斛六斗、上下戸一斛二斗、中上戸一斛、中中戸八斗とすることと改正した。戸法は慶雲の制（文武・元明天皇朝期〈六九七―七一五〉の取決）により其の輸穀額は賦役令に準じた。そして出納および賑給に関する事務は民部省、京職・国司等がこれを行い、賑給にあたっては困窮の状態を充分に検討して、人別（ひとりひとり）に、一斛以下一斗を班給（給与）することとした。なおこの給付額は原則として、各地方の一年の収納総額を超えることを得ないものとした。もしこれを超えることを要する場合には、言上して裁下を受けなければならないこととし、義倉の給付制限制度が定められた(10)。

このように義倉制度は、幾度か改正されながら平安朝期にいたるまで引続き行われたが、その後、権門勢家の土地兼併により荘園が発達し、中央政府の権威が衰退するにつれて廃滅していった。

義倉制度とともに災害時の飢饉にそなえて設けられたのが「常平倉」の制度である。これも隋・唐の法制を継承した制度であって、淳仁天皇の時代にはじめて設置された。この制度は民間における穀価を安定させ、同時に飢饉救済の目的で制定されたものであって、穀価の安い時に政府がこれを買いあげ貯蔵して、その価格の低落を防ぎ、穀価の高い時にこれを放出してその騰貴をおさえることを目的とした制度である。

天平宝字三（七五九）年五月甲戌（きのえいぬ）（九）日、常平倉設置についてつぎのような詔が出された。

勅曰。頃聞。至二于三冬間一。市邊多二餓人一。尋二問其由一。皆云。諸國調脚不レ得レ還レ鄉。或因レ病憂苦。或无レ粮飢寒。朕竊念レ茲。情深矜愍。宜下随二國大小一。割二出公廨一。以爲二常平倉一。逐二時貴賤一。糴糶取レ利。普救中還脚飢苦上。非三直霑二外國民一。兼調二京中穀價一。其東海。東山。北陸三道。左平準署掌レ之。山陰。山陽。南海。西海四道。右平準署掌レ之（11）

この詔は、つぎのような内容である。最近三年間の冬に、厳冬のため餓死した者が多いと聞く。その多くは地方から調（税金）を運んできた飛脚が、持っていた食糧がつきはてて、飢寒死したと聞く。よって国の大小に応じて公廨（くがい）（正税を維持するための特別税）を算出して常平倉をつくり、そこの売買利益から調を都に運び、帰路の路銭のない者を冬の飢寒死から救うように。その担当機関は平準署（へいじゅんしょ）とするということを指示したものである。

当時のわが国においては、物価は米価を基準としたため、常平倉は米穀政策としてまた物価安定対策としてきわめて適切な制度であったといえよう。常平倉の行事（担当役人）は、同時に京の左右に平準署（物価安定局）を置き、左平準署は東海・東山（中部・関東・東北）・北陸の三道を、右平準署は山陰・山陽・南海・西海（九州）の四道を管掌すると共に、両署協力して奸商（かんしょう）（悪徳商人）の専横を防ぎ、京の穀価の安定をはかった。(12)

宝亀四（七七三）年三月一四日（丙子朔（やよひ）・己丑（つちのえうし））、暴騰した穀価を鎮静させ、また窮民や百姓の生活を安定させるために常平倉を活用することを求める、つぎのような詔が出された。

天下穀價騰貴。百姓飢急。雖レ加二賑恤一。猶未二存濟一。於レ是官議奏曰。常平之義。古之善政。養レ民救レ急。莫レ尚二於茲一。望請。准二國大小一。以二正税穀一。據二賤時價一。糶二与貧民一。所レ得價物。全納二國庫一。至二於秋時一。賣二成穎稲一。國郡司及殷有百姓。並不レ得レ買。如有二違者一。不レ論二蔭贖一。科二違勅罪一。如百姓之間。准二賤時價一。出二糶私稲一。満二一万束一者。不レ論二有位白丁一。叙二位一階一。毎レ加二五千束一。進二一階一叙。但五位已上不レ在二此限一。奏可。乃遣二使於七道諸國一。各糶二當國穀穎一。兼賑二飢民一。(13)

その概要はつぎのとおりである。

穀物の価格が暴騰して農民には急速に飢えが迫っている。給付は実施したが全ての者を救済するに至っていない。役所で議論した結果、常平倉の設置は古くからの善政である。人民を養い急場を救うにはこれより良いものはない。望むべくは国の規模に応じて正税として取り立てた穀物を、集めた時の安い価格で貧民に売り、その代価は全額国庫に納めよ。秋になった時は稲を売ること。国郡司ならびに裕福な百姓は、安い価格の穀物を買ってはならない。これらの者が違反して、こっそり安い稲を買った場合は、違勅の罪に問う。百姓が安い時の価格に準じて自分の持っている稲を売った場合には、白丁（はくちょう）〈白張（しらはり）〈白布の狩衣（かりぎぬ）〉を着た仕丁〉の位の一階級に任命する。これより五位以上に任命するには天皇に奏上すべきである。このことについては、使者を七道諸国に派遣し、各国の穀物を安値で売り、飢えている民を助けるように、ということである。

つまり社会的地位を与えることで、民間からの拠出を促したのである。

常平倉は、奈良朝期には義倉と並ぶ備荒儲蓄制度として一時活用されたが、これは本来、米価の調節をする役割をもつものであった。また常平倉の貯穀量が少なかったため、災害による凶作の年に救恤の役割を充分に果たすことができなかった[14]。そして平安朝の中期以降、中央政府の権力の衰退とともにこの制度もまた形骸化していった。しかし常平倉の制度自体は、後期封建国家の時代に復活され、さらに近代に入って、この制度にならって明治政府は、常平局を設置した。つまり古代律令国家時代の災害救助制度が近代国家に継受されたのである。

注

（1）瀧川政次郎『日本法制史』昭和四六年、角川書店、一三九・一四〇頁
（2）黒板勝美編『続日本紀』前編、二〇〇九（平成二一）年、吉川弘文館、一二五頁
（3）同書五九頁

(4) 井上光貞他・校注『律令』二〇〇一年、岩波書店、二五三頁
(5) 黒板勝美編『令義解』新訂増補国史大系（普及版）二〇〇五（平成一七）年　遭水條　一〇六頁
(6) 同書一一九頁。井上他・前掲『律令』二五三頁
(7) 黒板勝美編『類聚三大格』後編、平成一四(二〇〇二)年、四一二頁
(8) 富田愛次郎『日本社会事業の発達』厳松堂書店、昭和一七年、九三頁
(9) 黒板勝美編・国史大系㉖『交替式・弘仁式・延喜式』平成一二年、吉川弘文館、六二五頁
(10) 富田・前掲書九四頁
(11) 黒板・前掲『続日本紀』前編、二六一頁
(12) 富田・前掲書九五頁
(13) 黒板・前掲『続日本紀』後編、四〇九頁
(14) 瀧川・前掲書一四〇頁

3　行旅病人及行旅死亡人保護制度

行旅病人（こうろびょうにん）とは、旅の途中で病のため路上に倒れて引取人のない者をいう。また行旅死亡人（こうろしぼうにん）とは、旅の途中で死亡したが身元不明で引取人のない者をいう。

元明天皇の和銅五(七一二)年春正月乙酉（きのととり）（二月一六日）には、国司（地方行政官）に対してつぎのように行旅病人の救済ならびに行旅死亡人の取扱方法を指示した。

詔曰。
諸國役民。還レ郷之日。食糧絶乏。多饉二道路一。轉二塡溝壑一。其類不レ少。國司等宜下勤加二撫養一量賑恤上。如有二死者一。且加二埋葬一。録二其姓名一報二本属一也(1)

当時、中央政府に課役（税金）を納入する脚夫として、都に来た地方の住民が、故郷に帰るにさいし、途中で食糧が尽き、飢えのために道端でたおれ、溝や谷にころがり落ちる者が少なくなかった。そこで国司（役人）がこれを発見した場合、その者を救済して食事を与え、医療を施し、もし死者が出た場合は埋葬し、その氏名を記録して本籍地に通知することが義務づけられた。

続いて同年（七一二）冬乙丑（きのとうし）（一〇月二九日）、つぎのような「役夫・運脚者・行旅人保護規定」が公布された。

詔曰。
諸國役夫及運脚者。還レ郷之日。粮食乏少。無レ由レ得レ達。宜下割二郡稲一別貯二便地一。隨二役夫到一任レ令中交易上。又令下二行旅人一必齎レ錢爲上レ資。因息二重擔之勞一。亦知二用レ錢之便一(2)

都に地方から租税として納付する金品を運んだ脚夫および徭役（ようえき）（税としての労役）に出向した者が任務を終えた後に、故郷に帰るための途中の食料・金品が乏しい場合は、担当行政機関が都合のよい場所に別に貯えた郡稲（郡ごとに蓄積されていた官稲）の一部を役夫・脚夫が到着するのに応じて給付することとしたのである。これを売るのは任意とした。また行旅病人には必ず路銀を持たせ帰路の元手（資金）とさせることとした。これによって、大切な荷物（税）を運んだことの労をねぎらい、また銭を用いることが便利であることを知らせようとしたのである。

養老二（七一八）年、養老令の戸令には、つぎのような行旅病人に関する保護救済規定がある。

如在レ路病患。不レ能二自勝一者。當界郡司。収付二村里一安養。（略註）仍如二醫療一。并勘二問所由一。具注貫属一。患損之日。移二送前所一。(3)

これは行旅病人の療養保護に関して、其の救護の責任を被救護者の現在地の町村長に負わせた規定である。責任者は、自ら病にうちかつことができない者を地域で養生させ医療を加える。そして身元を問いただし病気が快復すると従前の居住地に送り帰すこととした。

当時、病人を穢（けが）れた者として忌み嫌い、山野に遺棄する風習が残っていたので、行旅病人救助に関する戸令の規定は、画期的な役割を有していた。しかし一般に食糧の乏しかった当時の民衆の心情に相容れるものではなかった。したがって施政者も同法の施行については、しばしば詔を降（くだ）してその励行（れいこう）につとめざるを得なかったのである。

孝謙天皇の天平宝字元（七五七）年一〇月六日（乙巳朔康戌（きさらぎかのえいぬ））には、諸国に勅令によって行旅病人に、つぎのように給付と処遇を行うべきことを命じた。

冬十月庚戌。
勅曰。如聞。諸國庸調脚夫。事畢歸レ郷。路遠粮絶。又行旅病人無二親恤養一。欲レ免二飢死一。餬レ口假レ生。並辛二苦途中一。遂致二横斃一。朕念二乎此一。深增二憫矜一。宜下仰二京國官司一。量二給粮食醫藥一。勤加二撿挍一。令上レ達二本郷一。若有二官人怠緩不レ行者一。科二違勅罪一。(4)

これは勅令によって役人に行旅病人を救済させ、もしこれを怠っている役人があれば違勅の罪を科することを命じたものである。

全国各地から租税を都に運んできた脚夫（きゃくふ）（税の運搬人）が任務を終えて、故郷への帰路で、食糧が尽きはてて病人となり、餓死を免れようと何か食べて生きようとしているが面倒をみてくれる者がいない。そのため途中の苦労で不慮の死をとげていると聞く。このことを朕は深くあわれむ。都の官司に申しつけて病人に食糧・医薬を与え、また鍼灸治療を行って故郷に帰れるようにせよ。これを怠っている役人には違勅の罪を科するということである。(5)

都（みやこ）の住民に対しては、つぎのような特別規定が弘仁四（八一三）年六月一日に公布された。

太政官符

應レ禁三断京畿（内）百姓出二弃病人一事

左右大臣奏稱。念レ舊酬レ勞賢哲遺訓。重レ生愛レ命貴賤無レ殊。今天下之人各有二僕隷一。平生之日既役二其身一。病患之時卽出二路邊一。無二人看養一遂致二餓死一。此之爲レ弊不レ可二勝言一。伏望。仰二告京畿一早從二停止一。庶令下路傍無二爰枉之鬼一。天下多中終命之人上者。被二中納言從三位藤原朝臣繩主宣一稱。奉レ勅。宜二早下知令一レ加二禁制一。如不二遵改一猶致二違犯一者。五位已上注レ名申送。六位已下不レ論二蔭贖一決二杖違一百一。臺及職國知而不レ糺。及條令坊長郡司隣保相隱不レ告。並与同罪。自今以後。永加二禁断一。仍牓二示要路一。分明告知(6)

弘仁四年六月一日

これは京に住む者のうちで、とくに僕隷（使用人）をかかえる貴族および有力農民が、その使用人を労働可能な時には酷使して、疾病に罹患すれば路に放り出して、ついにはその者が看る者もなく路上で餓死してしまうことを禁止したものである。雇主には位階に応じて刑罰が課せられた。

その後嵯峨天皇の時代において、諸国郡司に命令して行旅病者の救恤を励行させようとした。こうした目的から行旅病人ならびに自活できない百姓の収容保護について、弘仁一一（八二〇）年五月四日の太政官符は、つぎのように令示している。

太政官符

應レ収下養在レ路飢病無レ由レ達郷并不レ能二自存一百姓等上事

右存恤之支載在二令條一。國郡官司理湏二遵行一。而収養醫療未レ聞二其事一。大納言正三位兼行左近衛大将陸奥出羽按察使藤原朝臣冬嗣宣。奉レ勅。煦育之道。理不レ可レ然。違法之吏。深合二科責一。宜下更下知勤使二醫養一。勿上レ令彼黎民徒致二非命一。其料量二用正税一者。其季中所レ用正税。大國五百束以下。上國四百束已下。中國二百束以下。下國一百束以下。卽國郡官司親加二訪察一。若乖二符旨一。存濟失レ所爲レ他見レ告。依レ法科レ罪。夫専當國郡司名及所二存濟一之人數附二朝集使一。所レ用正税附二税帳使一。並作二別巻一毎レ年言上。但不レ能二自存一之輩。一依二令條一行レ之。不レ淂三違レ法輙用二正税一(7)

これは旅の途中、路上で飢えのため病に臥し、自分の郷里に帰ることのできない者および自存できない百姓に対する救済措置を定めたものである。太政官符は、このような者が多いことを指摘し、これらの者の救済方法として、国ごとに大国ならば五百束、上国ならば四百束、中国二百束以下、下国百束以下の正税（地方の国・郡に貯蔵している稲）を放出して、これにあてることを指示し、毎年それを中央政府に報告することを命じたものである。但し、一般の自存できない者については戸令の規定によるものとし、正税を出すことを禁止している。

また延長五（九二七）年に奏進された延喜式によれば、行旅病人の救済について、つぎのように規定している。

凢諸國往還百姓在レ路困飢病患。無レ由レ達レ郷者。專當國司一人巡看。附二隨近村里一。以二正税一収養。得レ療之日。依レ法送達。若有二死去者一。斂二埋便處一。具顯二貫屬姓名一。牓二示其上一。有二漏怠一者。國郡司等隨レ事科處。其專當國司者。錄レ名申レ官[8]

同条は、諸国の百姓が旅の途中で困窮して飢え、病に罹患し、故郷に帰り到らない場合、国司に巡回訪問させ、近くの地方公共団体に委託して正税を財源として療養させること。病が回復した場合は郷里に送りかえすこと。死去した場合はこれを弔い、埋めた場所にその姓名を明記しておくこと。これを怠った担当国郡司等は処罰するとした。

これらの規定をみると行旅病人および死亡人の増大は、当時の大きな社会問題であったといえる。その救済・保護については、正税を使用することを認めてはいたが、罰則を設けて取り締まることが多かった。それゆえ、「続出する行旅病人、死亡人は放置されていた」[9]といわれている。国の予算をつけず地方の財源と刑罰的取締りのみでは、行旅病人・死亡人の救済をすることはできなかったのである。

注

（1）黒板勝美編『続日本紀』前編、二〇〇九（平成二一）年、吉川弘文館、四七頁
（2）同書五〇頁
（3）黒板勝美編『令義解』二〇〇五（平成一七）年、吉川弘文館、一〇二頁
（4）前掲『続日本紀』前編、二四三頁

（5）林陸朗校注訓訳『完訳注釈続日本紀』第三分冊、一九八六年、現代思潮社、一二五―一二六頁参照
（6）黒板勝美編『類聚三大格』後編、平成一四(二〇〇二)年、吉川弘文館、五九二―五九三頁
（7）同書・前編、二〇〇三（平成一五）年、二九七頁
（8）黒板勝美編『交替式・弘仁式・延喜式』平成一二年、吉川弘文館、五八三頁
（9）富田愛次郎『日本社会事業の発達』厳松堂書店、昭和一七年、八七―八八頁

4　児童保護制度

古代律令国家においては、戸令において、祖父母・父母は子・孫に対して懲戒権を有し、またその財産を管理する権利を有していた。したがって祖父母・父母が懲戒の目的で、子や孫を殴打した場合、その行為による結果が傷害に止まる場合は不問に付した。しかしこれにより死にいたらしめた場合は徒（ず）（懲役）一年半の刑に処した。[1] つまり懲戒行為により児童を死に至らしめない限り、暴行は言うに及ばず障がいにいたる程度の児童虐待は不問に付していたのである。「法は家庭に入らず」の精神は、律令制度のもとで、すでに確立されていたのである。

祖父母・父母が、子・孫を売って他人の奴婢とすることは禁止されていた。しかし実際には飢饉にさいして、児童が祖父母や父母の飢えをしのぐために売られることは多かった。たとえば、前年が凶作の歳であった天武五（六七六）年五月甲戌（きのえいぬ）（七日）、つぎのような人身売買禁止令が

公布されている。

　甲戌
　下野國司奏。所部百姓遇二凶年一。飢之欲レ賣レ子。而朝不レ聽矣（2）

つまり凶作に遇った所部（領内）の百姓が飢えをしのぐため子どもを売ろうとしていたので、下野の国司（派遣された役人）がこの状況を天皇に奏上した。朝廷はこれを許さなかった。

施政者は児童売買を禁止してはいたが、凶作により窮民となった百姓が、自分の子どもを売って露命をつなぐしかない事件が、当時多数あったということである。この法令には具体的救済策は呈示されていない。天皇の禁止令だけで、領民は自分の子どもを売ることを思い止り得たのであろうか。

これらのことを勘案すると律令制度下の親権は、現行の民法・児童福祉法等に規定する親権の原型であろうが、その権威は大きく、行使しうる範囲も広かった。制度は常にその時代の文化・思想・生活感に依拠するものであるが、この時代において、すでに制度上児童の売却を禁止していたことは、児童の人権を一定程度、認容していたということであろう。（3）

古代律令国家における養子制度の目的は、「主として継嗣のため」つまり後継者を得ることであったから、継嗣（養子）となるためには一定の要件を充たすことが必要であった。それは「養父に男子なきこと、養子が本族四等以上の親族であること」、「傍系親中、輩行（一族の中の同世代の男の親族集団の年齢の順序）において子の行に属する者であること」[4]などである。

しかし親に遺棄された三歳以下の児童、死罪になる女性が刑の執行前に獄中で出産した児童は、戸令に定める要件に合致しなくとも養子とすることが許された。このことを瀧川は、戸令には、人道上「棄児孤児を救済する目的」[5]があったと述べているが、これに加えて、こうした児童を公費により扶養する財政負担を抑制する意図があったと考える。

古代律令国家における児童保護に関する法令は、前述の一般的な原則を踏まえたうえで、貧窮児童に関する保護制度と非行児童に関する保護制度にわけて検討する。それは、非行児童の特別処遇に関する法令は主として「律」の中にみられ、貧窮児童に関する保護法令は、「令」の中に数多くあり、また「式」の中にみられる。つまり同じく児童を対象とする制度でありながら適用すべき法令が分野を異にしているからである。このことは現代にまで継受されており、司法福祉の対象となる非行児童と児童福祉の対象となる要保護児童を取り扱う法律は、少年法と児童福祉法に分かれており、所管部局も異なっている。

(1)　貧窮児童の保護制度

わが国でもっとも古い貧窮児童に対する保護規定は、「救貧制度」でもとりあげた『養老令』の戸令の鰥寡（かんか）条である。これによると一六歳未満で父のない者が自活し得ない場合は、まず近親者に養育させ、近親者がない場合に、坊里（地域）に委託して養育させることを明らかにしている。(6) つまり親族扶養を優先させ、補充的に地域において公的扶養を行うことを明らかにしているのである。

また『延喜式』の充薬院悲田条によれば、つぎのように定められている。

> 凡綿一百五十屯。古弊幄四宇。毎年冬季充二施薬院一。均分給二彼院及東西悲田病者孤子等一(7)

東西悲田院に収容されている「孤」に対して、毎年冬ごとに綿一五〇トン・古い布四宇（屋根の高さの四倍）を支給する旨規定されている。このことは、施設処遇を受けている孤児に対して寝具・衣服等の現物給付が行われていたということである。

さらに宇多天皇の寛平八（八九六）年一月一七日の太政官符によれば、つぎのように記されている。

> 應レ令三左右看督近衛等毎レ旬巡二撿施薬院并東西悲田病者孤子多少有無安否等一叓
>
> 右施薬院奏状偁。院并東西悲田三所収二養病者孤子一其數不レ少。病者差二死預及雑使等一令二勞治一。孤子亦差二充預及雑使乳母養母等一令二視養一。院司常加二巡撿一。然預以下人等未二必其人一。屢加二勸戒一。猶多二懈怠一。恐徒費二衣食一。存活者寡。望請。令三看督近衛等。毎レ旬分レ番巡二撿三所一。察二其多少一問二其安否一。預以下之人若有二闕怠一。重令二勘當一。其巡撿之日録二病者孤子數一。付二院司一令レ知レ之。亦其寒温不レ適。衣食無レ給者。令レ責二院司一。謹請二處分一者。右大臣宣。奉レ勅。依レ請。叓須下看督

近衛等巡二撿京中一之日有レ見二路邊病人孤子一者。随便令上レ取二送院并東西悲田一。又大藏宮内兩省所死綿及古幣幄疊等。施薬院司請納之後。与二彼院司一共相知。頒二給二所病者孤子等一。莫レ致二疎略一

寛平八年閏正月一七日(8)

太政官の布告した同公文書は左右の看督近衛（巡察監視員）等により、一〇日ごとに施薬院ならびに東西悲田院に収容されている病者、孤児の数の増減、有無、安否等を調査させ、預（あづかり）（公私機関の役職）以下雑使、乳母、養母等の従事者に若し闕怠（けったい）（手落ち）があれば、重く罰した。なお巡検の日には病者孤児の数を記録し、院司（いんのつかさ）（院長）にこれを渡して通知し、又其寒温適せざる者、衣食給せざる者があれば院司の責任を追及するものとした(9)。

つまり、施設保護を受けている孤児等の生活状況の実態調査を定期的に行い、その養育上の安全を確保し、適切な衣食が支給されていない場合は、院長の責任を追及したのである。孤児は制度上、病人と一体として処遇されていた。

当時の「孤」の数について『寧楽遺文（ならいぶん）』所収の太政官符に、つぎのような記録がある。

太政官符民部省

合應賑給九千七百三人　男四千百十二人　女五千五百九十一人

（中略）

孤二千七百八十一人　年十六已下男一千六百卌四人　年十六已下女一千百卌七人

右　左京職所申

右京については、つぎの記録が残っている。

（中略）

合應賑給九千卌二人　男三千卌一人　女六千一人

（中略）

孤二千九十八人　年一六已下男八百十八人　年一六已下女千二百八十人(10)

これによれば平城京の左京に住む者のうち、賑給（公的給付）に預かる者の数が九七〇三人で、そのうちに「孤」（孤児）が二七八一人いた。また同年度の右京に住む者のうち、賑給の対象者となったのは九〇四二人であったが、そのうち孤児が二〇九八人いたことになる。

年紀がないがこの記録は奈良時代後期の宝亀年間のものと推定される。このことは、生産力が未発達であった当時の律令国家において、相当数の孤児が公的救済の対象となっていたということである。このことは農業国家であった古代律令国家において、農民として将来の働き手となり、納税者となる児童の保護が、政策の中に組みこまれていたということである。

延長五（九二七）年の延喜式によれば、京内の孤児・病人等は、施薬院で収養することをつぎのように定めている。

凡京中路邊病者。孤子。仰二九箇條令一。其所レ見所レ遇隨レ便。必令レ取二送施藥院及東西悲田院一(11)

つまり都で発見した孤児等は、東西悲田院に送って施設保護を行うということである。このことは寛平八（八九六）年閏正月一七日の太政官符の趣旨を「式」に継受したということである。当時の施政者が、悲田院を孤児の入所保護施設として積極的に活用することを表明した規定といえよう。

⑵　非行児童の保護制度

わが国でもっとも古い非行児童の保護規定は養老二（七一八）年の「養老律」の名例律のなかにみられる。名例律三〇条は、つぎのように規定している。

凡年七十以上。十六以下。及癈疾。犯二流罪以下一。收贖。七十以上。七十九以下。十六以下。十一以上。及癈疾。爲レ矜二老少及疾一故。流罪以下收レ贖。上條贖章。稱二流罪以下聽一レ贖。此條及官當條。即言レ收レ贖。此是隨レ文設レ語。更無二別例一。犯二加役流。反逆縁坐流。會赦猶流一者。不レ用二此律一。至二配所一。免二居作一。此等三流。特重二常犯一。故惣不レ許レ收レ贖。至二配所一免二居作一者。矜下其老小。不上レ堪二役身一。故免二居作一。其婦人流法。与二男子一不レ同。雖二是老小一。加役流。會赦猶流。亦合二收贖一。唯造二畜蠱毒一。并同居家口仍配。八十以上。十歳以下。及篤疾。

犯二反逆一。殺人應レ死者。上請。（中略）盗及傷レ人。亦収レ贖（中略）。有レ官者。各從二官當除免法一。（中略）餘皆勿論。（中略）九十以上。七歳以下。雖レ有二死罪一。不レ加レ刑。縁坐應二配沒一者。不レ用二此律一。（中略）卽有レ人教令。坐二其教令者一。（中略）若有レ贓應レ備。受レ贓者。備之（後略）(12)

養老律では、既述のように少年を七歳未満、七歳から一〇歳まで、一一歳から一六歳までに分け、七歳未満の者の犯罪行為は処罰せず、七歳以上一〇歳の者は、反逆・殺人・窃盗・傷人について処罰した。またその処罰にあたっては、反逆・殺人を犯し、成人ならば死刑に処すべき場合であっても、特別に考慮して遠島とし、窃盗および傷人を犯した場合は、贖（罰金）をもって代替させた。満一一歳以上一六歳の者は、死刑に当たる罪を犯した場合は、成人と同様に扱うが、流刑以下の罪を犯した場合には、刑を免じ贖（罰金）を納めさせた。ただし情状がとくに重い場合には流刑に処せられたが、配所における労役は免除された。

年少者に科する刑罰の寛厳の基準となる犯罪年齢の基準時について名例律三一条は、つぎのように行為時主義を採り、できる限り寛大な処分を行った。

犯レ罪時幼小。事發時長大。依二幼小一論。假有。七歳犯二死罪一。八歳事發。死罪不レ論。十歳殺レ人。十一事發。仍得二上請一。十六時偸盗。十七事發。仍以レ贖論。此名下幼小時犯レ罪。長大事發。依二幼小一論上。(13)

年少者に対して特別に寛大な処分を行う旨、名例律が規定したのは、年少ゆえに改善の可能性があることに期待したこと、本人に刑を受けるのに充分な体力が備わっていないことへの配慮、是非弁別能力が発達の途上にあること等を配慮したものと思われる。同時に当時の施政者が信仰していた仏教の慈悲の思想が、こうした規定の制定につながったのであろう。つまり、既にこの時代に仏教理念に基づく司法福祉の萌芽があったと考える。

注

（1）瀧川政次郎『日本法制史』昭和四六年、角川書店、一九五―一九六頁
（2）黒板勝美『日本書紀』後編、平成九年、吉川弘文館　三四一頁。坂本他校注『日本書紀』下　二〇〇三年、岩波書店、四二二頁
（3）大竹秀男・牧英正編『日本法制史』昭和五二年、青林書院新社、五九頁
（4）同書同頁
（5）瀧川・前掲書一九七頁
（6）黒板勝美編『令義解』二〇〇五（平成一七）年、吉川弘文館、一〇一―二頁
（7）黒板勝美編『交替式・弘仁式・延喜式』平成一七年、岩波書店、七三四頁
（8）黒板勝美編『類聚三大格』前編、二〇〇三（平成一五）年、吉川弘文館、三六四―五頁
（9）富田愛次郎『日本社会事業の発達』厳松堂書店、昭和一七年、八九頁
（10）竹内理三編『寧楽遺文』上巻、平成九年、東京堂出版、三三八―九頁
（11）黒板・前掲『交替式・弘仁式・延喜式』九二一頁
（12）黒板勝美編『律』平成一〇年、吉川弘文館、二二―二三頁
（13）同書二四頁

5　高齢者保護制度

律令制度による年齢区分によれば、高齢者つまり「耆」とは六六歳以上の者をいう。「耆」は、すべての納税義務が免除された。ただ「侍丁（じてい）」（介護者）が派遣されるのは八〇歳を過ぎてからであった。また賑給としての稲の給付も八〇歳以上の者に対して行われた。

持統四（六九〇）年三月丙申（やよひひのえさる）（二〇日）には「八〇歳以上の者に稲二束を与える件」が公布されている。この規定はまた布二反も与えることを指示した。

賜下京與二畿内一人年八十以上者嶋宮稲人廿束上。其有レ位者。加二賜布二端一(1)

これにより八〇歳以上の者に、持統天皇の皇子、故草壁皇子（くさかべのみこ）の所有していた稲を一人につき二〇束を給付し、また位階（身分）のある者にはこれに加えて布二端（反）を給付したのである。これは臨時の賑給である。こうした一時給付を行わねばならないほど、当時の高齢者の生活は、位階のある者でさえ窮迫していたのであろうか、それとも老いは孤独をともなうが、こうした給付が高齢者の心を癒（いや）したのであろうか。また長生きは栄誉であったのか。あるいは一時給付が時の施政者の高齢者政策の限界であったのであろうか。

和銅四(七一一)年一一月壬辰(みづのえたつ)（二二日）の詔の中には、孤老への賑給(しんごう)（公的給付）についてつぎのように記されている。

壬辰。詔曰。諸国大税。三年之間。借貸給レ之。勿レ収二其利一。又賜下畿内百姓年八十以上及孤獨不レ能二自存一者衣服食物上。又出二挙私稲一者。自レ今以後。不レ得レ過二半利一。餘者如レ令(2)

諸国の大税(おほちから)（国・郡の倉庫に蓄積した官稲）を三年間無利息で貸付ける。また畿内（山城・大和・河内・和泉・攝津の総称）の百姓で八〇歳以上で、身辺に親族がおらず、孤独で、かつ自己の力で生活できない者に対して、衣服や食物などを現物給付し、公的に扶助する。またそのための財源として私稲を出した者には、その時以降、利益の五割にしか税を課さないということである。つまり高齢者保護の基金を民間の私稲拠出に求め、反対給付としてその者に対する税の減免制度を実施したのである。ただ施政者は公的扶助も行っているので、民間と「公」の協力による高齢者保護の実施であったといえる。

養老二(七一八)年、養老令戸令一一条は、つぎのように高齢者に対する、親族による身辺介護について規定している。

凡年八十及篤疾。給二侍一人一。九十（歳）二人。百歳五人。皆先尽二子孫一。若無二子孫一。聴レ取二近親一。

無二近親一。外取二白丁一。若欲レ取二同家中男一者。並聴。郡領以下官人。数加二巡察一。若供侍不如法者。随レ便推決[3]（後略）

同条は、八〇歳以上の者ならびに障がい者には、侍（じ）（庸と雑徭〈労役〉を免除して高齢者・篤疾者〈障がい者〉の身辺の雑用を行わせる者）一名を給（派遣）する。九〇歳以上の者には二名、百歳以上の者には五名の侍を給する。侍になるのは、第一に子・孫であり、これがいない場合には、他の親族が侍となる。近親者が全くいない場合、白丁（びゃくちょう）（課役の納税義務がある二一歳から六〇歳までの無位・無官の一般男子）に庸と雑徭を免除して高齢者の介護に従事させると規定した。高齢者の介護は親族によるのを原則とするが、親族がいなければ、税を免除した者を介護者として派遣したのである。

古代律令国家において、高齢者に対して所得保障と身辺介護保障の双方の制度を実施していたのである。

養老二(七一八)年、犯罪を犯した高齢者の刑の減免について、非行児童の保護規定と重複するが、名例律三〇条は、つぎのように規定している。

凡年七十以上。十六以下。及癈疾。犯二流罪以下一。收レ贖。（七十以上。七十九以下。十六以下。十一以上。及癈疾。爲レ矜二老少及疾一故。流罪以下收レ贖。上條贖章。稱二流罪以下聽レ贖。此條及官當條。即言レ收レ贖。此是隨レ文設レ語。更無二別例一。）犯二加役流。反逆縁坐流。會赦猶流一者。不レ用二此律一。至二配所一。免二居作一。（此寺三流。特重二常犯一。故惣不レ許レ收レ贖。至二配所一。免二居作一者。矜下其老小。不上レ堪二役身一。故免二居作一。其婦人流法。与二男子一不レ同。雖二是老小一。加役流。會赦猶流。亦合二收贖一。唯造二畜蠱毒一。并同居家口仍配。）八十以上。十歳以下。及篤疾。犯反逆。致人應死者。上請。此等年雖老少。情状難原。故反逆及致人。准律。應合死者。官司不断。依上請之式。奏聽勅裁。盗及傷人。亦收贖。傷人及盗。既侵損於人。故不許全免。令其收贖。文云。盗及傷人。收贖。盗既不言強竊。傷人不顯親疎。爲其老少。特被哀矜。設令。強盗。傷親合死。據文。並許收贖。又既稱傷人收贖。即似不傷者無罪。若有毆致他人家人奴婢者。不合論罪。奴婢賤隷。唯於被盗之家。稱人。自外諸條。不同良人。又例云。致一家三人。爲不道注云。家人奴婢者非。即驗不同常人之限。其應出罪者。擧重以明輕。雜犯死刑。尚不論罪。致傷家人奴婢。明亦不論。其毆父母。雖小及疾可矜。能毆者。乃爲悪逆。或愚癡而犯。或情悪故爲。於律。雖得勿論。准禮。仍成不孝。老小重疾。上請聽裁。有官者。各從官當除免法。若有官者。須從官當除免之法。不得留官徴贖。毆傷伯叔父。合除名。盗五端以上。合免官。毆凡人折支。合官當之類。文云。八十以上。十歳以下。盗及傷人。亦收贖注云。有官者。各從除免當贖法。若本罪至死。自依贖例。條有收贖之文。注設除免之法。止爲矜其老疾。非謂故輕其罪。但雜犯死罪。例不當贖。雖是有官。並合除名。既死无比徒之文。官有當徒之例。明其除免當法。止據流罪以下。若欲以官折死。便是律外生文。自須依法除名。死依贖例。餘皆勿論。除反逆。殺人應死。盗及傷人之外。悉皆不坐。故云。餘皆勿論。九十以上。七歳以下。雖有死罪。不加刑。縁坐應配沒者。不用此律。謂。父犯反逆。罪状已成。子七歳以下。仍合配沒。故云。不用此律。即有人教令。坐其教令者。老少之人。皆少智力。但是被教作罪。皆以所犯之罪。坐所教令。假如。教七歳小兒。毆打父母。或教九十老者。斫殺子孫。所教令者。各同自毆打及致凡人之罪。不得以犯親之罪。加於凡人。若有贓應備。受贓者備之（後略）(4)

七〇歳以上の者は流罪以下の刑に相当する犯罪を犯した場合、これを罰金（相当額の銅もしくは財貨）の徴収に代えることができた。三年以下の加役流（かやくる）（遠島）・反逆縁座流等の流刑に処せられる犯罪を犯しても配所における居作（こさく）（労役）は免除された。当時すでに犯罪を犯した高齢者の身体の脆弱化を、社会的に配慮することを規定していたのである。

高齢故に、刑事責任無能力者あるいは限定的刑事責任能力者となる基準時を、名例律三一条は、つぎのように規定している。

凡犯罪時。雖未老疾。而事發時老疾者。依老疾論。假有。六十九以下犯罪。年七十事發。或无疾時犯罪。癈疾後事發。並依上解收贖之法。七十九以下。犯反逆。殺人應死。八十事發。或癈疾時犯罪。篤疾時事發。得入上請之條。八十九犯死罪。九十事發。並入勿論之色。故云。依老疾論。若事發已後。未断決。然始老疾者。聽以贖論。律以老疾不堪受刑故。節級優異。七十衰老。不能徒役。此雖發在六十九時。至年七十始断。衰老是一。不可仍遣役身。此是徒役内老疾。依老疾論。假有。七十九犯加役流。事發。至八十始断。止得依老免罪。不可仍配從流。又依獄令。犯罪。逢格改。若格輕聽從輕。依律及令。務從輕法。至於老者。豈得配流。八十之人。事發与断相連者。例從輕典。断依發時之法。唯疾人与老者理別。多有事發之後。始作疾狀。臨時科断。須究本情。若未發時已患。至断時成疾者。得同疾法。若事發時无病。断日加疾。推有故作者。准格。仍依犯時。實患者。聽依疾例。若在徒限内老疾。亦如之。假有。六十九以下。配徒役。或二年三年役限未滿。年入七十。又有配役時无病。役限内成癈疾。並聽准上法収贖。故云。在徒限内老疾。亦如之。又計徒一年。三百六十日。應贖者。徵銅廿斤。即是一斤銅折役一十八日。計餘役。不滿十八日。徵銅不滿一斤。數既不滿。並宜從放(5)(後略)

つまり犯罪を犯した時に未だ老疾（高齢かつ疾病）になっていなくとも、犯罪が発覚した時に既に老疾になっていれば、その者を刑事責任無能力者・限定的刑事責任能力者と見なすということである。

＊名例律三〇条ならびに三一条においては二行取の部分は、本文の説明に欠かせないので、中略とせず、あえて原文を挿入した

高齢者の取調べにおける拷問について、養老二(七一八)年断獄律逸文は、つぎのように規定している。

凡[補]應議請減。若年七十以上。十六以下。及廃疾者。並不合拷訊。皆據衆證定罪。違者以故失論(6)（後略）

同条は、七〇歳以上の者には拷訊（拷問）を行うことを禁止している。つまり当時、取調べにおいては糾問主義の原則に基づいて拷問が行われていた。高齢者にこれを禁止したのは人道的見

地からであろうが、これは施政者に対する社会的非難を恐れてのことであろう。そして取調べの過程において同条に違反して高齢者に拷問を行った者は、その故意過失に応じて責任を問われた。

天平宝子二（七五八）年七月癸酉（みずのとり）（三日）、高齢者の賑恤に関して、対象となる者の年齢制限規定をつぎのように緩和した。

癸酉。勅。東海。東山道問民苦使正六位下藤原朝臣淨弁等奏偁。兩道百姓盡レ頭言曰。依二去天平勝寶九歳（年）四月四日恩詔一。中男正丁並加二一歳一。老丁耆老倶脱二恩私一。望請。一准二中男正丁一。欲レ霑二非常洪澤一者。所レ請當レ理。仍須二憫矜一。宜下告二天下諸國一。自レ今以後。以二六十一爲二老丁一。以二六十五一爲中耆老上(7)

つまり天平宝字二年に、天平勝宝九（七五八）年四月四日の詔に基づいて、六〇歳（従来は六一歳）以上の者を老丁とし、六五歳以上の者（従来は六六歳以上）を耆老とし、税の減免の年齢を一歳引き下げたのである。このことは、当時、高齢者の優遇措置を行い得るほどに生産が向上していたということであろうか。

また、たとえ犯罪者であっても、老いたる祖父母、父母の介護をする必要のある者は、勅許を得て家にとどまることができた（戸令給侍条）。また高齢者の介助に従事する侍丁となった者は、課役（税金）が免除された。侍丁には、原則として同戸の子孫・近親者をもって当てられ、その者の徭役（労役）は免除された。(8)

当時、生産の特別な上昇があったとは考え得ないが、高齢者に対する特別配慮はある程度、整備されている。この時期に「耆」と年齢区分した六五歳は現行制度にも継受されているが、後期高齢者（現行制度は七五歳以上）である八〇歳以上、九〇歳以上、百歳以上の者に対する介護と介護従事者に対する税の減免に関する特別措置は律令制度の方が現行制度よりも手厚くなされていたといえる。

これらの高齢者保護制度を実施し得たのは、対象となる者の数が少なかったからであろう。

注

（1）坂本他校注『日本書紀　下』二〇〇三年、岩波書店、五〇二頁。黒板勝美編『日本書紀』後編平成九年、吉川弘文館、四〇四頁

（2）黒板勝美編『続日本紀』前編、二〇〇九年、吉川弘文館、四七頁。今泉忠義訳『訓読続日本紀』昭和六二年、臨川書店、一〇〇頁

（3）井上光貞他・校注『律令』二〇〇一年、岩波書店、二二八頁

（4）黒板勝美編『律』平成一〇年、吉川弘文館、二二―二三頁

（5）同書二四―二五頁

（6）同書一七三頁

（7）黒板・前掲『続日本紀』前編、二四七―二四八頁
（8）瀧川政治郎『日本法制史』昭和四六年、角川書店、一六五頁

6　障がい者特別処遇制度

障がい者に対する特別配慮に基づく処遇は、古代律令国家においてすでに実施されていた。令制度は、まず障がい者の概念について規定し、口分田（くぶんでん）の配分、納税義務の軽減・免除等について規定した。また障がい者を病人と同様に取り扱う制度上の優遇措置がみられる。

養老二(七一八)年、養老令の戸令七条は、つぎのように障がい者の等級について明記した。

凡一目盲。両耳聾。手無二二指一。足無二三指一。手足無二大拇指一。禿瘡無レ髪。久漏。下重。大癭瘇。如レ此之類。皆為二残疾一。癡。瘂。侏儒。腰背折。一支癈。如レ此之類。皆為二癈疾一。悪疾。癲狂。二支癈。両目盲。如レ此之類。皆為二篤疾一(1)

同条は障がい者を、残疾（ざんしつ）、癈疾、篤疾の三類型に分けた。「残疾」とは、一眼がみえない者、両耳が聞こえない者、手に二指無し、足に三指無し、手または足に母指（おやゆび）無い者、禿瘡（かぶろかさ）（頭にできものができている）にして髪の無い者、久漏（きゅうすう）（身体が腐って穴から膿が出ている）、下重（げじゅう）（陰核腫脹による歩行困難）、大瘦瘇（だいようしゅ）（頸足のはれもの）等の者をいう。残疾には課役が軽減された。「癈疾（はいしつ）」と

は癈（知的障がい）、瘂（聴覚障がい）、侏儒（小人症）、腰背折、一支癈（手足のうち一本が不自由）の者をいう。これらの者には課役が免除された。「篤疾」とは癲狂（精神障がい）、二支癈、両目盲（両眼とも視覚障がい）の者をいう。(2) 篤疾には、課役が免除され、侍丁がつけられた。侍丁は同戸の子孫近親をもって充てられる介護者であって、課役が免除された。「悪疾」とは「癩病」に罹患している者をいう。これは篤疾の中に入り不課口として納税義務が免除された。

同条は現行の身体障がい者福祉法施行規則「別表五号」の「身体障がい者障がい程度等級表」の原点といえる。

既述の班田法は癈・篤疾者つまり障がい者・重病人に対しても丁男（成人男子）と同額の口分田を与えている。(3) このことは、食糧の乏しかった古代律令国家において、障がいを持つ者や病床に伏して労働ができない者の生存権が保障されていたということであろうか。そしてその理由をどこに求めればよいのであろうか。

また既述のように障がい者は不課口とされ、納税義務が軽減・免除されていた。このように古代律令国家の時代から障がいを持つ者に対する特別措置が行われていたのである。

なお「律令制度のもとでは」「障がい者への処遇が明記され賑給等もなされている。しかし、かかる障がい者への処遇は、いわば制度上からの意味づけである。一方『霊異記』において捉える障がい者像は」「説話の領域から接近していく」。つまりこの障がい者像こそが「古代社会における障がい者理解」(4) の端緒となるという指摘がある。

注

（1）井上光貞他・校注『律令』二〇〇一年、岩波書店、二二六―二二七頁

（2）瀧川政治郎『日本法制史』昭和四六年、角川書店、一六五―一六六頁

（3）同書一二四頁。滝川は、この制度のモデルとなった「唐にあっては廢篤疾者は老男と同じく丁男の半分の田を受けるに過ぎない。しかるにわが国においては廢篤疾者にも丁男と同額の田を与えている」と述べてこの措置が当時の先進国唐よりも障がい者に対する優れた制度であることを指摘している。

（4）宮城洋一郎『宗教と福祉の歴史研究』二〇一三年、法蔵館、二四―二五頁　同書は、「律令制度という中国から継承された法制度が、社会的な諸矛盾を露呈していくなかで」、「説話として積みあげられてきた」霊異記が「問題を解明していく」ことを指摘している（宮城・同書ⅱ頁）。

結　び

わが国では、日本独自に、国有の制度形成を行うというよりも、諸外国に範を求める傾向がある。これは、古代律令国家の時代から既に始まっていた。つまり隋・唐の制度を踏襲して形成されたのが、古代律令国家における保護・救済制度であった。それ故に、瀧川がいうように「遣唐使の廃止等により外国の影響が薄らぐ」と、制度疲労が起っても、その改廃の方向を決めること

ができない。それは範としてきた制度に関する情報が途絶え、その改正の動向を知り得なくなったからである。そのため律令格式の中にある保護・救済に関する法令は機能し得なくなっていく。いうなれば古代律令国家における法制は、外来文化の継受にすぎなかったことを物語っているといえる。

しかし体系化されていなかったとはいえ、古代律令国家の各法典に、貧窮者、被災者、行路病・死者、障がい者、児童、高齢者、病者等に対する特別措置に関する規定が成文法として残されている。

律令制度の下で高齢者に介護者をつける給侍条、六五歳以上のものを「耆」として納税義務を減免すること、令制度による年齢区分と口分田(くぶんでん)の配分、犯罪を犯した高齢者と年少者の刑事責任に関する特別配慮等、われわれが現在においても踏襲すべき規定は多い。

生産関係が未発達であった古代律令国家において、このように現代の社会福祉法制に継受されうる保護制度を構築した意図は何処にあり、その基盤となる思想や財源をどこに求めていたのであろうか。また制度は創設されてもそれが実施されていたのか否か。仮に制度がその創設当時は機能していたとしても、それは形骸化していったのか。それとも実態を保ち得たのか。こうした問題はあるが、古代律令国家において形成された律令格式による貧窮・障がい・高齢・年小等の社会的不利益を持つ者に対する保護制度は、形式的には明治に至るまで存続し、現行の社会福祉法制構築の基盤となったのである。

既述のように瀧川は、「法律の変遷は政治の変遷と必ずしも相伴うものではない」というが、古代律令国家において天皇の権勢が衰え、令外の官が、律令制度により任命される国司よりも実権を握っていくに従い、政治的権力の中枢が変わっていった。奈良朝より平安中期まで実効性をもった律令格式は、徐々に形骸化し、これにともない律令格式による社会規制は衰退していった。瀧川は、律令格式は「中央集権国家の文化事業」であったといっているが、それ故に、その基盤である天皇を中心とする中央集権国家が衰退すると、律令制度を支える条件が失われ、律令格式が機能し得なくなったのであろう。つまり古代律令国家における政治の変遷は、保護・救済制度を脆弱化させていったのである。

現行の社会福祉法制がモザイク的に形成されており、体系性が弱く学問的に未成熟であるという批判は、ある意味で当を得たものである。それは古代律令国家以来、ハンディを持つ者に対する処遇規定が、一定の法理に従って体系的に構築されたものではなかったからである。

しかし現行法の原典となったと思われる制度を検索し、その由来を知ることは、社会福祉法制という法領域を学問的に成熟させていくための一つの方法であるといえる。同時に古い史料・資料を収集し、その社会的意義を検討することは制度の法理をさぐることであり、そこから長期的な展望が開けてくる。過去から学ぶということには一定の限界はある。しかしわが国の制度の創設期である、古代律令国家の時代の社会福祉法制について探ることには、現代的意義があると考える。

第二章　前期封建国家の時代

災害の多い国である日本を統治するにあたって、その対応策に関する見通しを持たないままに、武家の棟梁が施政者となったのが前期封建国家の時代である。古代律令国家の施政者が、災害にそなえて義倉・常平倉等の備蓄制度を整備して政権を担当していたのに比して、前期封建国家における施政者は、災害時に場当たり的な方策で対応する政治力しか持っていなかったのである。これに加えて蒙古との戦争があった。これにより幕府の財政は窮乏し、災害による飢民の救恤を地方の領主・豪族・寺社の拠出に求めざるを得なくなった。いわゆる「地域福祉の推進」「民間の力の活用」である。

当然のことながら、この財政依存は、地方への権限の委譲を伴うこととなり、また救済に地域間格差が生じた。これに加えて恩赦制度の活用が幕府の支出を要さない民心収攬の方策として用いられた。

古代律令国家ならびに後期封建国家以降のわが国は、国家形態として曲りなりにも統一国家を構成しており、全国に施行される法令が制定されていた。

しかし前期封建国家の時代には、全国、全階層に適用される統一的な法令は制定されていなかった。公家・武家・寺社・荘園ごとに適用される法令が異なり、また地域別・対象別に臨時の単行法として法令が布令された。それは、飢饉等の社会的ニーズや土一揆等の民衆の行動につき動かされ、その時々の状況に応じて、制定されていった。そしてその多くは、地域に適用される約款として制定され、機能していた。その背後には施政者の財政難があった。

つまり幕府が、窮民救済を権限の委譲と共に地方にゆだね、また各地域の民間の活動に幕府が一部助成を行うのが、この時代の保護・救済制度のあり方であった。

また前期封建国家の時代に公布された窮民救助等に関連する法令は、前述の災害による飢饉や、窮乏した農民の土一揆等、あらかじめ予測し得なかった事態に施政者がどう対応したかの軌跡を示す布令である。したがってそれは単発的・臨時的なものであって、一定の原理原則に基づいて法体系を構築した制度であるとは言い難いものであった。

またこの期の法令には、地方別に適用される旨規定されたものが多い。たとえば京師・鎌倉・武蔵・西海等、災害を受けた特定の地方ごとにその地域の住民を救済するために出される布令が大多数であった。そしてその財源の調達と配分に関する権限は地方に委譲されていた。

つまり中央政府が、災害によって起る貧困・疾病等の問題に対応し得ない場合、自ら支出を行うことなく政権を安定させるには、地方に権限を委譲し、民間の力を活用して、そこにわずかばかりの助成を行い、民衆に「個人の尊厳」の名のもとに自立を促すのが最善の方法なのである。

前近代の公的窮民救済等を、制度形成の土壌を異にする現代社会の制度上の問題と比較して検討することには慎重であらねばならない。しかし、かつての賑給から現行の社会福祉制度にいたるプロセスにおいて、前近代をモデルとして制定されたと考えられる規定は多い。それが権利としての請求権ではなく、慈恵としての公的給付であったとしても、窮民施策に現代と共通する役割を果たしていたといえるのである。

本章では、鎌倉幕府が蒙古との戦費調達のため多大の借財を抱えながら無策であり、室町幕府が土倉（金融業者）からの借入れなしには財政を維持できなくなっていたために、数多くの矛盾に満ちた法令を無作為に公布していた前期封建国家の時代の保護・救済制度を探り、現行の社会福祉法制を再検討する素材として提供したい。

前近代の保護・救済制度を現代の福祉制度に直接結びつけて検討することには異論があろう。しかし、歴史は繰り返されるものであるから、こうした現代と共通する問題を抱えた前期封建国家の時代の法令を研究対象にすることには意義があると考える。

一　封建制度と前期封建国家の時代

封建制度の原義は、古代中国において郡県制に対立する概念として用いられていたものである。それは、天子の一族または功臣を領主に封じて、土地・人民を与えて世襲的に支配させ、その対価として平時には貢（税）を納め、戦時には援軍を出す制度を総称した。

封建国家の時代とは、封建制度が国家社会の規準である時代をいう。わが国において、封建国家を統括したのは幕府であるが、幕府は武家の棟梁を首長とする軍事政権であった。

一一八五年、平氏を滅亡させた源頼朝は、天皇の宣旨によって総追捕使・総地頭に任命された。これにより頼朝は武家の棟梁として、御家人の守護・地頭補任権、軍事・警備権、徴税権にともなう土地の管轄・支配権の行使を公認された。そして一一九二年、頼朝は征夷大将軍に任命された。この時、軍事政権としての鎌倉幕府が成立し、封建国家の時代がはじまったのである。この軍事的政治体制のなかで、その最高の首長は武家の棟梁であって、「天皇は封建制度の枠外」[1]にあったのである。

大化の改新により成立した古代律令国家の体制が「天皇の独裁政治を樹立する勤王党のクーデ

ターであった[2]」といわれているのに対して、古代律令国家より封建国家への移行のプロセスは、革命的変動というよりは、律令国家の武力部門が、内乱の鎮静を通じて政権担当者になったといえる。

封建制度の根幹にあるのは主君と家臣との間にある主従関係である。幕府の将軍と御家人の関係は、本来、私的な恩給関係でありながら、同時に法律関係であって、御恩と奉公という双務契約として成り立っていた。それは見参《げざん》の式を通じて結ばれる自由人の間の契約であった[3]。

当初この主従関係は、荘官《しょうかん》（現地荘園管理職）が武力をもって荘園領主を守護し、荘務を執行することが主君にたいする忠誠の第一義と考えられていた。しかし各人の権利が武力によって主張されるようになってからは、戦闘に参加して主君のために戦うことが忠誠義務つまり「奉公」であり、これに対して「御恩」とは、家臣が戦闘において立てた功名により、その労に対する見返りとして、主君が荘園の中の土地の一部を家臣に封土として供与することであった。

こうした双務契約的人間関係は、主君と家臣の間にだけに存在するのではなく、家人と奴婢、武士と百姓の間にも形成されていた。このように、「主従関係の絆」によってすべての人間関係が「上下に形成されていた時代[4]」が封建国家の時代なのである。そしてそれは「軍事的な政治体制[5]」を基盤とするものであった。その期間は鎌倉幕府開府後、明治政府の成立にいたるまでの約七百年にわたるものである。

封建国家の時代を如何に時期区分するかについては説が別れている。第一は、これを二期にわけ、前期封建国家の時代と後期封建国家の時代の二つに区分する。この立場では、前期封建国家の時代とは、鎌倉・室町幕府の時代ならびに戦国時代とし、後期封建国家の時代を織豊時代ならびに徳川幕府の時代とする。第二の説は、これを三期にわけ、前期を鎌倉・室町幕府の時代（式目法の時代）、中期を戦国・織豊時代（分国法の時代）、後期を徳川幕府成立後、その崩壊にいたるまでの時期とするものである。第三の説は、これを二期に区分するが、鎌倉・室町、戦国・織豊時代までを前期封建国家の時代とし、徳川幕藩制下の国家を後期封建国家の時代とするものである。その根拠としては、政治体制、当時の文化や生活、生産力、社会的関係、国家的統一法の有無等、多岐にわたる。[6]

吉田久一は、社会事業史の立場から第三の類別に従って、前期封建国家の時代とは、鎌倉幕府成立後、徳川幕藩体制確立にいたるまでの期間であると定義している。その根拠として吉田は「徳川幕藩体制下の慈恵政策とそれ以前の慈恵政策と区別して考えて[7]」時代区分を行うことに社会事業史の視座からは意義があると述べている。

本稿では、吉田の行った時期区分に従う。しかしその根拠は吉田とは異なり、以下の理由による。

それは、古代律令国家ならびに徳川幕藩体制の下において、わが国は、まがりなりにも中央集権的な統一国家としての形態を整えていたという点にある。つまり統一的な法制が全国規模で適用され（ただし、徳川期は将軍法のみ全国に適用）、これに依拠して窮民救助、救療、災害救助、要保護・非行児童と高齢者保護、障がい者の特別処遇などの政策が形式的には全国で一律に実施されていたからである。前近代のわが国におけるこの二つの統一国家の時代にはさまれた前期封建国家の時代は、権力の集中ではなく、分権を基調とする国家体制にあったといえる。つまり全国に適用される体系的な法制度は形成され得なかったのである。また国の組織機構において中央集権的な行政機備が確立されていなかった時代といえる。

ただし、前期封建国家の時代は、式目法が基本法であった鎌倉・室町幕府の時期と分国法の時期に大別することができる。しかし両者に共通するのは地方の時代であり、中央政府と呼べる財政と権力を実質上持つ政権が存在しなかった時代といえよう。

本章では鎌倉幕府法時代の保護・救済法制と室町幕府法時代の保護・救済法制に分けて論述する。

注

（1）石井良助『日本法制史概要』昭和五〇年、創文社、八四頁
（2）中田薫『法制史論集』第四巻、昭和三九年、岩波書店、二頁
（3）大竹秀男・牧英正編『日本法制史』昭和五二年、青林書院新社、一一〇―一一一頁
（4）瀧川政治郎『日本法制史』昭和四六年、角川書店、二二八頁
（5）石井・前掲書八四頁
（6）この点については、この他にもその視座により多様な時期区分がなされている。たとえば、鎌倉幕府開府後、戦国時代までの家父長的奴隷制社会である荘園社会を前期封建国家の時代とし、それ以降を後期封

建国家の時代とする立場などである。

（7）吉田久一『日本社会事業の歴史』一九七〇年、勁草書房、五九頁

二　式目法時代の法制と行政

この期の法体系は、公家法、本所法、武家法に大別される。[1]この期においても新制あるいは新符という形式で朝廷の成文法が発布され、これは主として公家に対して適用された。武士が政権を担当する封建国家に移行した後も、律令制度に依拠した公家法が公家社会には適用されていたのである。

本所法は、平安朝後期に律令制度の下にありながら、令外の官が権力を得るのに付随して、当初、荘園（しょうえん）に適用される制度として形成されていった。本所法は、本所の実務に関する実務法と荘園法に大別される。本所法には先例尊重の慣習が制度として定着しており、先例が法令と同様の効力をもつ慣習法であった。また本所法については、本所ごとにその内容が異なり、「特定地に特有のものと一地方または全国に共通のもの」とがあった。[2]

武家法（式目法）が適用される武家社会においても、氏族関係が社会の基本にあった。武家法は、人的関係においては道理を中心とする慣習法を継受していたが、所領に関しては荘園法を継受するものであった。これに主従関係が結びついたのが武家法の特徴である。主従関係は、既述のように契約関係ではあるが、単なる利害関係ではなく「身分的、道徳的関係をもって掩はれていた」[3]のである。

こうした武家社会における裁判は、先例に依拠して判断が行われていたが、貞永元（一二三二）年、時の執権北条泰時により、鎌倉幕府法「御成敗式目」が制定された。これは律令的公家法に対立するものではなく、武家の間で行われていた慣習・先例にもとづく規定を集成したものにすぎない。

同式目は五一箇条より成り、律令格式に比較すると条文の数は少なく、また体系的なものではないが、前期封建国家の時代の基本法として、その後の法令制定の基準となった。同式目制定の表向きの目的は「幕府法を衆知せしめて裁判の公平を期す」ことにあったが、「実際には承久の乱以後のおびただしい訴訟処理の必要」[4]があって制定されたのである。

御成敗式目の基本原理は「道理」であった。この点で律令の基本原理が「法意」であったのと異なる。これに加えて、その規定の大半が慣習法を継受したものであったため「武家のならひ、民間の法」[5]が武家法の基本であった。その内容は御家人の権利義務、領地の裁判等、武家社会における慣習を集大成したものであった。

御成敗式目は、武家社会に適用される法令として長期にわたり機能した。その後室町幕府により制定された室町幕府法「建武式目」は、御成敗式目を継受したに過ぎないといわれている。また建武式目は制定法とはみなされておらず、全国規模で施行されたものではない。しかも建武式目は単なる意見書であって御定法ではないというのが一般的見解である。

御成敗式目と建武式目の基本的性格は、古代律令国家における「格」（臨時の單行法）に相当する。また「鎌倉幕府追加法」ならびに「室町幕府追加法」の基本的性格は「式」（法令の施行に必要な細則）に相当するといわれている。そして「建部式目の内容は、いちぢるしく抽象的かつ道徳的であって具体的な立法ではない[7]」とみなされている。

いうなれば追加法は、式目に洩れた法令・判決例を式目の制定後に追加したものである。追加法は、全国の守護・地頭・御家人に周知徹底させたものではないが、「判決例として事後の紛争処理に一定の拘束力をもつ[8]」ものであった。

この追加法のなかに人身売買の禁止、奴婢の養子に関する保護規定、孤児の放棄禁止規定、飢饉のさいの徳政令など、この時期の保護・救済・救助つまり福祉政策について定めた各論としての具体的規定がある。

これは「武家社会そのものの性格により、また自然災禍に対する必要上」「平時に民心を収攬しておいて非常時に備えるために[9]」応急的臨時的救済が施政者により無作為に実施されていたのである。「北条泰時の飢饉救済は正しくその政略的救済の顕著な例證[10]」であるとまでいわれている。

前期封建国家において施政者が徳治主義をもって窮民に制度上対処したのは「神の罰より主君の罰おそるべし、主君の罰より臣下百姓の罰おそるべし。其故は、神の罰は祈りてまぬがるべし、主君の罰はわび言を以って謝すべし。只臣下百姓にうとまれては必(ず)国家を失ふ故、祈りても詫言しても、その罰をまぬがれがたし。故に神の罰、君の罰よりも臣下萬民の罰は尤もおそるべし（黒田如水）」[11]という思想が当時の支配階級にあったからである。

こうした施政者の姿勢は、承継されてゆく。措置から契約へと福祉制度が移行した現在においても、最低限の福祉のための支出は、支援費という名目で実施せざるを得ない。これは民衆の怒りに対する施政者の畏れが基本にあってのことであろう。

ただし、こうした思想が施政者にあったにもかかわらず、この期の公的窮民救済に関する制度はあまりにも脆弱であった。

注

（1）これに寺社法を加えて四大系とする立場もあるが、本書では、司法制度がこの三大系にわかれて形成されていることから、本文で述べたものに限定する。

（2）石井良助『日本法制史概要』昭和五〇年、創文社、七二頁

（3）山口正『社会事業史』昭和一三年、常磐書房（戦前期社会事業基本文献集①、一九九五年、日本図書センター）四五頁

（4）石井・前掲書七三頁
（5）同書同頁
（6）瀧川政治郎『日本法制史』昭和四六年、角川書店、二〇八―二一〇頁
（7）大竹秀男・牧英正編『日本法制史』昭和五二年、青林書院新社、一二八頁
（8）同書一二七頁
（9）山口・前掲書四六頁
（10）同書同頁
（11）同書四七―四八頁

三　鎌倉幕府法時代の社会福祉法制

式目法の時代において、公的救助を必要とする原因の第一は、地震・津波・暴風雨・洪水・旱魃(かんばつ)・大火等の自然災害による飢饉の発生である。民衆の生活は破綻し、餓死する者の数が数十万人に及んだ。当時の施政者による調査は、厳密に実施されていたとはいい難く、実際にはこの何倍もの死者があり、この期の人口の相当の割合が餓死していったものと推測し得る。

鎌倉幕府を開府した源頼朝は「平時に民心を収攬(しゅうらん)しておいて非常時に備えるために(1)」政権を担

当すると同時に「徳恵主義を施して民を撫恤(ぶじゅつ)」(2)することを施政方針とした。

1　救貧制度

頼朝が政権を取得した直後の文治元(一一八五)年六月・七月、京の都で大地震が起った。これにより民家の大多数が倒壊し、圧死者が出、民衆は働き手と財を失い生活に困窮していった(3)。また朝敵征伐に従事し、自己の所領を離れた者の農地が荒れ、収益を失った。

この窮状に対応するために頼朝は、翌文治二(一一八六)年三月一三日、朝廷に、被害を受けた民衆の免税措置について「以往の未済物優免の件」を進言し、これを実施したのである。

辛卯。關東御分國々乃貢。日者依二朝敵征伐事一頗懈緩。然者被レ免二以前分一。自二今年一可レ致二合期沙汰一之由。所レ被レ申二京都一也。

諸國濟物事。治兼四年乱以後。至二于文治元年一。世間不二落居一。先朝敵追討沙汰之外。暫不レ及二他事一候之間。諸國之土民各結二官兵之陣一。空忘二農業之勤一。就レ中。関東之武士。爲レ討二「手」敵人一。數度合戦。都鄙之往反于レ今無二其隙一候。頼朝知行國々。相摸。武蔵。伊豆。駿河。上総。下総。信濃。越後。豊後等也。被レ優二免去年以往未濟物一。自二今年一。随二國々堪否一。可レ令二勵濟一之由所二沙汰候一也。凡不レ限二此九ヶ國一。諸國一同可レ然事歟。惣被レ優二免去年以往未濟物一。令レ安二堵窮民一

自二今年一有限濟物任二先例一可レ令レ致二沙汰一之旨。可レ被レ下二宣旨一候也。仍言上如レ件。頼朝恐々謹言

三月十三日　　　　頼朝

進上　帥中納言殿(4)

その概要はつぎのとおりである。

治承四年の乱以後、文治元年に至っても世の中は落着きを取り戻していない。民衆は農業を怠り、武士は朝敵を追討するのに精一杯で、自分の所領の管理を怠り農地は荒れ放題である。また地方の国々で暴動のおそれも出てきた。これにより税の納入が未済となっているが、頼朝の知行の九カ国は言うに及ばず、諸国において、これまでの未納の税は免除し、窮民を安心させていただきたい。今年からは各国の負担能力に応じて先例に従い出来るかぎり納税させるように致しますので、免除の沙汰を宣旨されるよう朝廷に言上していただきたく、帥中納言殿に頼朝が謹んでお願い申し上げますというものである。

つまりこの機会をとらえ頼朝は、朝敵征伐に従事したことにより財と収益を喪失し、納税能力を失った武士や住民に対する免税について、将軍中納言を通じて朝廷に進言し、朝廷の力でこれを実施した。頼朝が、徴税権をもったのは征夷大将軍に任命された後のことであるから、この措置は、幕府ではなく朝廷の減収により、窮民を救助したということである。しかしその評価は朝

廷ではなく鎌倉幕府に集り、政権を安定させた。つまり「鎌倉殿の権威を高めるための施策」(5)を実施したのである。

また頼朝は同年(文治二)六月丁未(ひのとひつじ)（一日）に幕府の文書として、凶作につき麞牙(しょうが)（白米）を給与することについてつぎのような布令を出している。

丁未　今年國力凋弊。人民殆泥㆓東作業㆒。二品令㆓憐愍㆒給之餘。仰㆓三浦介。中村庄司等㆒。相模國中爲㆑宗百姓等給㆓麞牙㆒。人別一斗云々 且是依㆓恠異㆒攘災上計也(6)云々（後略）

つまり天災を蒙った相模(さがみ)の飢民には、一人当たり白米一斗を与えることを布達した。頼朝は、この措置により民心収攬の糸口をつかんだのである。二品とはここでは頼朝のことである。

文治五(一一八九)年、頼朝は、陸奥(むつ)の国が凶作であるという報告を受けた。頼朝は自ら実地調査に出かけ、当地に数日間逗留して、民衆の生活の実態把握に努めた。その結果、住民の生活が安定しておらず、広く公的救助が必要であることを認識した(7)。

そこで頼朝は、農耕に必要であるにもかかわらず、陸奥の国に不足している農料・種子(しゅし)等を他の地方から移送して下行(げぎょう)することとした(8)。下行とは、上位の者が下位の者に物品を与えることをいう。とくに施政者が民衆に物を与える場合、その「物」は主として玄米であったが、この場合は、農耕料と籾種（もみだね）が給付されることになった。ただし雪が深く、これらを移送することができない地域については、明春三月中に給付する旨、文治五（一一八九）年一一月八日、つぎのように告示した。

葛西三郎清重依レ被レ仰二付奥州所務叓一。還御之時不レ令二供奉一。所レ留二彼國一也。仍今日條々有下被二仰遣一叓上。先國中。今年有二稼穡不熟愁一之上。二品相二具多勢一。數日令二逗留一給之間。民戸殆難二安堵一之由。就二聞食一。平泉邊殊廻二秘計沙汰一。可レ被レ救二窮民一云々。仍岩井伊澤柄「著」差。以上三ケ郡者。自二山北方一可レ遣二農粁一。和賀部貫兩郡分者。自二秋田郡一可レ被レ下二行種子等一也。近日則雖レ可レ有二沙汰一。當時依レ爲二深雪一。可レ有二其煩一歟。明春三月中、可レ被二施行一。且兼日可レ相二觸土民等一者(9)

頼朝は、凶作によって生じた救貧対策として、免税や現物給付を行ったが、既述のように、それにとどまらず現地に赴き（おもむき）、逗留（とうりゅう）して実状を調査し、民衆の実態に触れることで民心を把握し、岩井（茨木県南西部）・井沢・柄差（えさし）（江刺〈岩手県南部〉）の三郡には、山北の方より農業の元手（資金）を給付するように、和賀（わか）・部貫（へぬき）の両郡には種子等を秋田郡より給付するように。近日中に沙汰はするが、雪が深く輸送が困難な地区には明春中に送付するとした。

これにより鎌倉幕府は政権の基礎をかためていった。しかし頼朝が出した布達は全国に適用されるものではなく、また法令としての形式を倶備するに至るものではなかった。とはいえ、こうした布達にもとづき鎌倉幕府は実績を築き「国家の政権と共に民衆福祉のことも専ら幕府の捐るところとなって、朝廷は直接これに関与する機を失ふ[10]」ことになったのである。つまり権威と権力の分離である。

その後、幕府（実朝）は、建保元（一二一三）年四月二〇日京都の御家人に命じて、つぎのように奈良の一五大寺が「非人」に施行を行うよう沙汰した。

> 辛卯。於二南京十五大寺一。供二養衆僧一。可レ有二非人施行一之由。将軍家年來御素願也。今日被レ仰二京畿内御家人等一云々。廣元朝臣奉二行之一[11]

幕府は、奈良一五大寺によって、衆徒を供養し非人に施行（せぎょう）することが、将軍家の数年来の平素の願であると、都の近辺の譜代の武士に今日仰せつけられた。廣元朝臣がこれを行うことを承った。

実朝は、幕府の財源により「施行」するのではなく、寺という民間の宗教団体に委託して「非人」施行を実施したのである。池田は「非人施行は仏教的慈善にもとづく浮浪者救済であるが、実朝がこのような宗教的実践をすすめたことは、彼の政治的立場の反映[12]」であると述べている。

つまり幕府の財源から支出を行わずに、寺の負担によって民政の安定をはかったということである。鎌倉から遠い京の窮民に、幕府は自ら支出する心構えはなかったのである。一方「寺」としては、窮民に対する施行によりその社会的評価が高まり、富裕層からの寄進が期待できたのであろう。この文書に記載されている「南京」は奈良（寧楽）の都のことである。

寛喜二（一二三〇）年、暴風雨がわが国を襲い「関東、京洛共にその難を蒙り」「民舎の損壊甚だ多く、船の灘波が続出し、鎌倉由比濱のみに着岸せる破船、数十艘に及び、伊豆の海にて鎮西の貢船（みつぎぶね）六十一隻が覆没（ふくぼつ）した。而して稼穡（かしょく）の損失も亦甚大であった」(13)。「稼穡（かしょく）」とは農産物のことである。こうした災害が寛喜三（一二三一）年の大飢饉をもたらした。生活に困窮した者は「天下の三分の一に及んだ」(14)。こうした民衆の窮状は、放置するにはあまりにも無惨（むざん）であり、公的救助が必要な状況となっていた。

しかし幕府にも朝廷にも公的救助を実施するための財源がなかった。そこで「公」に代って民間の力を活用するために出されたのが寛喜三（一二三一）年三月乙巳（ゆのとみ）（一九日）「飢饉ニヨル出挙米供出ニ関スル件」である。

乙巳。今年世上飢饉。百姓多以欲二餓死一。仍武州。伊豆駿河兩國之間施二出擧米一。可レ救二其飢一之由。被レ仰下聞有二倉廩一輩上。豊前中務兼奉二行之一。件奉書被レ載二御判一云々。

今年世間飢饉之間。人民餓死之由風聞。尤以不便。爰伊豆駿河兩國入二出擧一之輩。依レ不レ始レ施。

弥失二計略一云々。早可レ入二把馴出擧一之由。所レ被二仰下一也。兼又。後日若有二對捍一随二注申一可レ有二御沙汰一之由候也。仍執達如レ件

寛喜三年三月十九日　　中務丞實景奉

矢田六郎兵衛尉殿(15)

その概要はつぎのとおりである。

本年、飢饉で農作物が充分に実らず、世間の百姓の多くは餓死に瀕している。そこで武州（泰時）が伊豆・駿河（静岡県の中央部）の両国に出挙（すいこ）米を支給し、飢えを救うようにと倉廩（そうりん）（米・穀をたくわえる倉）を持っている者に命令されたことをきいた。そこで実景（豊前中務丞実景）は、これを受けて執行する旨、その奉書に捺印した。

本年、世上で飢饉があり、そのあいだに民が餓死したと聞く。非常に不憫である。ここで伊豆・駿河の出挙米を持っている者が施しをはじめないと、いよいよ対策を失してしまう。早急に出挙を実施せよと命ずる。また後日もしこの命令に従わなければ御沙汰があることを書き記しておくことを申伝える。

つまり鎌倉幕府の救恤担当官に任ぜられた中務丞実景は、右記のように伊豆・駿河の富裕層がその保有米を挙出することを矢田六郎兵衛尉に依頼し、その米で窮民を餓死から守ったのである。

この方針は、明治三〇年二月二六日に議員立法として第一〇回帝国議会に提案された救貧税法案（多額納税者・日銀等の挙出金を財源として公的扶助を行う）の趣旨と同じである。

北条泰時が武州を治めていた当時のわが国は、生産力が低く、荘園が散在し、統一的な救貧行政を実施しうるほどには行政組織が整備されていなかった。[16] したがってこの沙汰書は泰時の支配地にだけしか行き渡らなかった。また寛喜二（一二三〇）年の暴風雨による被害を端緒として発生した寛喜三（一二三一）年の飢饉は、治まっていなかった。こうした苦難を背負って泰時は御成敗式目を制定し、一方で沙汰書を出して個別・具体的に救貧問題に対処していかざるを得なかったのである。

泰時はこの状況に対処するため、貞永元（一二三二）年一一月一三日、つぎのように「武州飢饉弊民救恤ノ件」を公布したのである。

依二飢饉一。可レ救二貧弊民一之由。武州被レ仰之間。矢田六郎左衛門尉既下二行九千餘石米一訖。而件輩今年無レ據二于弁償一之旨。又愁二申之一。可下相二待明年一糺返上之趣。重被レ仰二矢田一云々。九去今年飢饉。武州被レ廻二撫民術一之餘。美濃國高城西郡大久礼以上千餘町之乃貢。被レ停二進濟之儀一。遣二平出左衛門尉。春近兵衛尉等於當國一。於二株河驛一。被レ施二于往反浪人等。於下尋二縁邊一上下向輩上者。勘二行程日數一与二旅粮一。至乙稱下可二止住一由上之族甲者。預二置于此庄園之間百姓一被レ扶二持之一云々[17]

その概要は次のとおりである。

飢饉によって貧窮におちいった民を救うようにと武州が仰せられたさい、矢田六郎左衛門尉は、すでに九千石余りの米を給付し終っていた。幕府はこの件については、本年は弁償できず、悩んでいる。明年になってから合わせて返済するつもりであると重ねて矢田に仰せられた。およそ昨年と今年の飢饉は武州が民のための対策をめぐらすあまり、美濃国高城(たかぎ)西部大久禮(おおくれ)その他千町以上の個人の貢物を進んでととのえることを停められ、平出左衛門、春近兵衛尉等をそれらの国に派遣し、株河(くぜかは)駅において行き来する浪人等に施しを与えた。知人縁者を尋ねる者には、旅の行程の日数を考慮して旅費を与えた。この地に止まり住みつきたいという者には、荘園にいる百姓に預け置き、これを扶養させることとした。

つまり、飢饉により生じた窮民が暴徒となって治安を維持することができなくなる前に、救助対策が必要となったのである。その規模は、少なくとも九千石以上の救助米の一時給付であった。しかし施政者には、窮民救助に必要とする米の備蓄も、その他の物資や当時出廻りはじめていた貨幣の蓄積もなかった。そこで幕府は、救恤に必要な九千余石の米の拠出を民間に求め、その返済はいずれ行うとした。そしてその配分は地方の権限で行うことを委託したのである。権限を民間の拠出と引換えに委譲したのである。

2　災害救助制度

頼朝が没した翌正治二（一二〇〇）年、大規模な風水害が起こり、農作物の被害が各地で続出した。時の将軍頼家には、被害を受けた自己の領民に公的救助を実施することなしには、政権維持に支障が生ずるという自覚がなかった。また頼朝と異なって、自らの財源によらずに他者の力で救済を実施する具体的方策を知らなかった。それ故に頼家は、災害に対して施政者が行わねばならない政治的対策を見過ごしてしまい、救助を実施し得なかった。

これを側聞した北条泰時は、建仁元（一二〇一）年一〇月六日、自己の所領である伊豆国北条の領民に対して、つぎのような出挙米免除の布令を出し、民心を収攬したのである。

关未。江馬太郎殿昨日下二着豆州北條一給。當所。去年依二少損亡一。去春庶民等粮乏。央失二耕作計一之間。捧二數十人連署狀一。給二出擧米五十石一。仍返上期。爲二今年秋一之處。去月大風之後。國郡大損亡。不レ堪レ飢之族已以欲二餓死一故。負二累件米一之輩兼怖二譴責一。插二逐電思一之由。令二聞及一給之間。爲レ救二民愁一。所レ被レ揚レ鞭也。今日。召二聚彼數十人負人等一。於二其眼前一。被レ焼二弃證文一畢。雖レ屬二豊稔一。不レ可レ有二糺返沙汰一之由。直被二仰含一。剰賜二飯酒并人別一斗米一。各且喜悦、且涕泣退出。皆合レ手願二御子孫繁榮一云々。如二飯酒一事。兼日沙汰人所レ被二用意一也(18)

この布令の概要はつぎのとおりである。

正治二(一二〇〇)年の風水害により餓死する者が出たため、泰時（江馬太郎）は、出挙米（貸付米）五〇石を自己の領内の窮民に貸与した。その返済期日は本年（建仁元年）の秋となっていたが、この間に天災による被害が再度発生し、餓死する者・逃亡を意図する者が多数に及んだ。したがって米の貸与に関する証文は焼き棄てる。今後豊作の年が来ても未払いの米を返済する必要はない。さらに領民一名につき米一斗と飯酒（いいざけ）を給付するという内容である。

つまり出挙米の給付を受けた者の貸借関係を帳消しにし、加えて新たな給付を行ったということである。

こうした布令を実施したことは、北条氏が源氏に代って政権担当者となる礎を開いたといえようが、充分な財源を持っていなかったはずの北条氏が、このような支出を行い得たのは、寺・神社、民間等からの見えざる収奪があったのであろうか。

北条時頼が執権であった約一〇年の間（一二四六～一二五五年）に、寛元四(一二四六)年京師の大火、宝治二(一二四七)年京畿の大風雨・洪水、鎌倉の大火・洪水等が続いた。(19) こうした災害の続発に対応する財源をもたない幕府は、またもや地域に頼り、鎌倉の各行政区画の奉行に、乞食・浮浪者の氏名を確認させた。建長二(一二五〇)年三月一六日、つぎのような布令を公布し、これらの者を出生地に送り返えし、農業に従事させるよう勧告したのである。

仰二鎌倉中保々奉行人等一。注二無益輩等之交名一。追二遣田舍一。宜レ随二農作勤一之由云々(20)

この布令は、災害により家や職を失い鎌倉に集ってきた乞食と浮浪者を田舎に帰し、農耕に従事させ、生産の向上と貧困からの脱却を目的とするものである。表向きは経済政策として、いわゆる「帰農令」として公布したのである。しかし、むしろ、将軍家のお膝元鎌倉において、何時暴徒に変るかもしれない乞食と浮浪者を追放して、武士の都の治安を図ったというのが真実であろう。

建長三（一二五一）年五月と八月に暴風雨があり、農作物と建物に多大な被害が生じた。この被害に対応するために施政者は、地方の官僚である守護・地頭に対して、同年九月五日「守護地頭窮民救助ノ件」を布令した。

武藏國務條々事。并西海諸國守護地頭沙汰之事等。有二評定一。是皆可レ救二窮民一之御計也。清左衛門尉。深澤山城前司等爲二奉行一(21)

つまり、地方の財源で窮民救助を行うことを命ずると同時に、その御恩として救助を行った者を奉行に任命したのである。拠出と引換えに地位と権限を与えたということである。

康元元(一二五六)年、北条時頼は出家し、政権を北条長時に譲り、全国の民衆の生活の窮状を視察するために鎌倉を離れた。この年の六月、冷害によって飢饉が起こり、奥州では強盗が出没した。これに加えて悪疫が流行し、その後毎年地震・大洪水が起こり、治水対策を持たぬ幕府は苦慮した。当然のことながら飢饉が続き、民衆が各地で蜂起していった(22)。

こうした状況のもとで幕府が発布したのが正嘉三(一二五九)年二月九日、「山野・河海の領有」に関するつぎのような追加法である。

止二山野江海煩一、可レ助二浪人身命一事

諸國飢饉之間、遠近侘傺之輩、或入二山野一取二薯蕷野老一、或臨二江海一求二魚鱗海藻一、以二如レ此業一、支二活計一之處、在所之地頭堅令二禁遏一云々、早止二地頭制止一、可レ助二浪人身命一也、但寄二事於此制符一、不レ可レ有二過分之儀一、存二此旨一可レ致二沙汰一之状、依レ仰執達如レ件

正嘉三年二月九日　　武蔵守(長時)
　　　　　　　　　　相模守(政村)

駿河守殿(23)

この概要は、つぎのようなものである。

従来は禁止されているが、諸国が飢饉の間は、近くに住む貧窮者・失職中の者が、幕府の領有

地である山野に入り、山芋やところ芋を採取し、領海に入って魚介類・海藻をとって生計を支えることを許可する。しかしこれを職業としてはならないのであって、その判断を在所の地頭に委ねるという趣旨である。

これは民衆が自らの労働で領有地・領海に入って食糧を獲得することを認めたもので、一種の現物給付といえる。餓死した者の「死屍が京中に散乱する」(24)という状況の中で実施された措置であり、蜂起を押さえるための幕府の譲歩といえる。

とはいえ、施政者が困窮者に給付を行うのではなく、窮民自らの食扶持を自らの手で確保させた点に特色がある。つまり窮民の労働力の活用である。

しかしこうした措置は、労働力のある窮民と労働力なき窮民の間で取得しうる食糧に格差が生じたことは否めない。労働力なき窮民こそが餓死に瀕していた。したがって領有地・領海において採取した食糧の配分について隣保相扶にまかせずに、公的関与があってもよかったと考える。

蒙古との戦争を行ったために、鎌倉幕府は戦費調達金が政府の支出の第一順位となった。外国との戦争ほど国の財政に負担となるものはない。それゆえに、幕府は、所領を失い、国内の公事を行うための財政負担能力を欠いていった。永仁五(一二九七)年三月六日に公布されたつぎに掲げる徳政令は、御家人の所領維持の必要に迫られて出されたものである。

質券賣買地事

右、於二地頭御家人買得地一者、守二本條一、過二廿箇年一者、本主不レ及二取返一、至二非御家人幷凡下輩買得地一者、不レ謂二年記遠近一、本主可レ取二返之一(25)

これには徳政令という名称はつけられてはいるが、その対象となるのは御家人だけであった。「御家人所領の質入、売渡しを禁じ、またすでに売渡された御家人所領は、無償でもとの所有者に取戻させ、金銭貸借についての訴訟はうけつけないこととした。この徳政令の目的は、御家人所領喪失の防止と救済にあった(26)」のである。

つまり幕府を支える御家人を所領復活により困窮から救済し、財政を安定させ「奉公」させることが目的であったといえる。

3　税の減免制度

建仁三(一二〇三)年一一月一九日、源実朝が朝廷により征夷大将軍に任ぜられた。このことを祝って発布されたのが、つぎのような百姓の年貢減免に関する沙汰である。

仰二關東御分國并相摸伊豆國々百姓一。被レ減二當年乃貢員數一。爲二将軍御代始一。可レ被レ休二民戸一善政

也云々(27)

実朝は、この沙汰により、関東御分国内の相模・伊豆の百姓が、その年度に納めなければならない乃具（ないぐ）（年貢）の減免を認めることとしたのである。この減免制度の実施は、幕府の財政を圧迫したが、民衆の支持を得て政権は安定した。

吉田はこのことを「新興武士階級の救済精神を現している(28)」と評価しているが、この施策は政権担当者の名声はあげても、武士の生活水準の低下をもたらすものである。こうした不利益を受容する「救済精神」が、すべての武士にあったのであろうか。

源平の戦乱による荒廃ならびに自然災害による民衆の疲弊の影響は関東諸国に残った。鎌倉幕府にとって、その地盤である御膝下、関東諸国の復旧と安定は必須のことであった。そこで実朝は、建保二（一二一四）年六月一三日、関東諸国に、つぎのような布令を出して、またもや税の減免を行ったのである。

關東諸御領乃貢叓。自㆓來秋㆒可㆑被㆑免㆓三分二㆒。假令毎年一所。次第可㆑爲㆓巡儀㆒之由。被㆓仰出㆒云々(29)

つまり関東諸国御領の納税額は、原則として来春（建保三年春）より、その三分の二を減額する。とりあえず毎年一箇所、巡次これを実施する旨布達したのである。

税の減額は、幕府の収入を一時的に減少させる。しかし鎌倉幕府を支える関東諸国の住民が、減税により財政を建て直すことは、長期的に見て鎌倉幕府の財政を安定させる。これに加えて「いざ鎌倉」の精神を涵養する有効な方法であったといえよう。

4　行旅病人・行旅死亡人保護制度

弘長元（一二六一）年二月二〇日「病者、孤子、死屍路上放棄禁止ノ件」が公布された。これは出家して諸国を行脚していた前将軍北条時頼の進言に基づくものである。(30)

可レ禁三制棄二病者、孤子等、死屍等於路邊一事

病者、孤子等、令レ棄二路頭一之時、隨二見合一殊可レ加二禁制一、若又偸有下令二棄置一事上者、爲二保々奉行人之沙汰一、可レ令レ送二無常堂一、至二死屍幷牛馬骨肉一者、可レ令レ取二棄之一、以二此等之趣一、可レ被レ仰二保奉行人一等也、

以前條々、固守二此旨一、自二來三月廿日一、可レ加二禁制一也、若有二違犯之輩一者、可レ被レ行二罪科一、又奉行人無沙汰不二注申一者、同可レ被レ處二其科一之状如レ件

弘長元年二月廿日　（長時）

武蔵守平朝臣　判
相模守平朝臣（政村）　判[31]

この布令は、病人・孤児を放置したり、死体を路上に遺棄することを禁止したものである。つまり各担当地区の奉行は、放棄されている者を発見した場合には、病人・孤児は一時保護所に収容すること。死者は放置することなく埋葬せよ。これに違反すれば刑罰を科するということ、という趣旨である。

こうした布令が出されたのは、病人や孤児が家から追い出されて棄て置かれ、死者が路上に放置される事例がいかに多かったかを物語っている。こうした無残な状況に対して、刑罰を科することでこれを防止するという方策をとったのは、既述のように罰則こそが最低のコストで最大の効果を挙げ得る方法であり、それだけに幕府財源が疲弊していたものと推測できる。

5　司法福祉制度

建保五（一二一七）年七月一七日、後鳥羽上皇の病気平癒を願って、つぎのような恩赦の沙汰が出された。

被レ行二非常赦令一。依二上皇御不豫御祈一也[32]

恩赦は本来、朝廷の慶事・凶事にさいして、慶事を祝い、また天皇・皇族の死を悼み、病気平癒を願って、犯罪を犯した者の刑を減免する制度である。これは司法福祉の重要な一分野であって奈良朝時代に始った。しかし朝廷の権威が衰退すると共に、漸次この制度は形骸化していった。今回受刑中の者に恩赦の沙汰が出されたのは「建保四年の京師の大火が左獄（牢獄）に迫り、囚人多くこれがために焼死し[33]」たという以前の経験が施政者にあったからである。

つまり焼死した囚人を、現囚人の恩赦という形式で弔うことで鎮魂し、上皇の病気平癒を祈願したということであろうが、これに加えて、火災により受刑者の収容施設が焼失した。このため囚人を拘禁する獄舎不足が起った。それ故に、恩赦により犯罪者を放免し、未だ収容していなかった犯罪者は拘禁を行わないことにより、獄舎不足という事態に対応した止むを得ざる非常の特例措置であったといえる。そこには犯罪者の衣食住に対する経費削減という意図もあったのであろう。

三代将軍源実朝は、承久元（一二一九）年四月二八日、二代将軍兄頼家の子公暁に暗殺された。その後、公暁も殺害されたため源氏の血脈はここで断たれた。

鎌倉幕府の実権は故頼朝の妻政子の生家北条氏が握っていった。その布石として行われたのが承久三（一二二一）年一月二七日、政子の主導で行われた故源実朝の三回忌追善の法要であった。北条氏を政権担当者とすることを目途して、政子が出したのがつぎのような内容の沙汰であった。

壬子。晴。今朝。於㆓法花堂㆒。修㆓故右大臣第三年追善㆒。二品沙汰也。導師荘嚴房律師行勇。百僧供。布施口別上絹一疋。被物一重。准布十端。導師分。上絹[一]百疋。被者卅重。色々。砂金五十兩。鞍馬三疋。加布施太刀一腰。先公家。細太刀。後[帯]㆓伊予中將實雅取㆑之。右京兆。相州以下人[々]群参。次有㆓施行㆒。乞食千人。々別十疋。亦犯科者三十許輩厚㆓免之㆒(34)

つまり右大臣（実朝）の三回忌を機として政子（二品）が沙汰を出し、導師・僧等に金品を贈り、乞食に施行し、犯罪者を赦免したのである。本来、慶事・凶事に基づく大赦・賑給は、既述のように朝廷の節目となる出来事が起ったさいに行われてきた。これを将軍の年忌に政子はあえて実施したのである。このことは北条氏が施政者であり、朝廷と同格であるかのような幻想を民衆に与えるためであったといえよう。

この沙汰に基づき、施行は乞食千人に対して行われ、犯科（ぼんか）（受刑者）三〇名を放免したのである。受刑者の釈放は、建保四年の大火により焼失した獄舎の再建が五年たっても進んでおらず、追善に名を借りて放免せざるを得なかったのであろう。犯罪者の獄舎への拘禁は、施政者の財政状態によっては柔軟に実施されていたのである。

嘉禄二（一二二六）年、鎌倉・下総に地震と大風が原因で発生した津波は、「人屋をさらい」「人畜の死没も多く」(35) 被害は大きかった。これにより住んでいた家が流失し、また売ることのできる物品を失ってしまった民衆は、妻子を売って糊口をしのがざるを得なくなっていたのである。こうした状況のもとでは止む得ないことと知りながらも、人身売買は非人道的な行為であるから放置できないという視座で出されたのが、嘉禄二年正月（一月）二六日の人身売買禁止令である。

一　可レ令レ搦二禁勾引人幷賣買人輩一事

右、嘉祿元年十月廿九日宣旨状偁、略レ人之罪、和誘之科、章條所レ差、給恰不輕、兩事之禁、相犯之輩、時俗積習、未二懲改一、髄仰二京畿諸國所部官司等一、可レ令レ搦二進彼輩一、知而不レ糺、與同罪者(36)

この宣旨は、人をかどわかした者ならびに人身売買を行った者は犯罪者であるから、これらの者を早急に捕らえ、こうした行為を禁止することを命じたものである。つまり人を略取する罪・誘拐する罪は、法令の示すところでは、おおよそ軽くはない。この二つのことを禁止する。飢饉の時は例外とするのが昔からのしきたりであり、今のところ制裁を加えていない。しかし嘉禄元年一〇月二九日の宣旨はこれを犯罪とし、京畿諸国の担当官に、しっかりとその旨申し伝えて、こうした罪を犯した者を進んで捕らえるようにせよ。こうした事実があることを知っていながら罪状を糺していない者は、これらの罪を犯した者と同罪とすることとしたのである。

これは、人身売買が増加するのは貧困が原因であることを認識した上で、その基本となっている問題には目をつぶり、刑罰によりこれを取り締まろうとしたものである。したがって略取誘拐された者の尊厳を認めた人権思想の萌芽というよりも、人間を物として売買することの非道を咎めたものである。そこには当時の社会を実質的に支配し、財力と権力を貯えつつあった寺院の仏教者の、貧苦に対する慈悲の思想が、施政者を動かしたものと思われる。

この宣旨により、人身売買を行った当事者はもとより、人身売買の事実があったことを知りながら、処罰担当の役人が処罰を怠っていた場合には、売買当事者と同罪に処罰されることが明示されたのである。人身売買の禁止という幕府の施策を、最低のコストで最大の効果をあげて実施するには、刑罰を活用することが最も有効な手段であることは昔も今も変りはない。現行の社会福祉法制の法領域にある各法律の刑罰規定の充実の根源はここにある。

実朝と公暁の死により源氏の血脈が断たれた後、北条氏はただちに政権の座にはつかず、京都の貴族と協力して徐々に実権を獲得していった。そして承久の乱鎮圧後の貞永元(一二三二)年、ついに北条泰時が執権として政権担当者の座についた。泰時は、就任と同時に新補地頭の所務七カ条を定め、八月には関東御成敗式目を制定した。同式目は、前期封建国家の基本法として約三〇〇年にわたり機能した。

貞永元(一二三二)年四月二日、寛喜を貞永と改元したことを祝って、犯罪者に対する恩赦、高齢者・僧尼に対する穀物の一時的給付が同時に実施された。

其改寛喜四年爲貞永元年。大赦天下。今日味爽以前。大辟以下罪無輕重。已發覺未發覺。已結結正。咸皆赦除。但犯八虐。故殺謀殺。私鑄錢。強竊二盜。常赦所不免者。及觸伊勢太神宮八幡宮等訴輩。不在赦限。又老人及僧尼百歳已上賜穀四斛。九十以上三斛。八十以上一斛。庶四海静謐萬姓撰樂。普告遐邇。俾知朕意。主者施行。

貞永元年四月二日　　大内記公良作(37)

同公文書の概要は、つぎのとおりである。寛喜四年を貞永元年とする。このさい国中に大赦（恩赦）を実施する。この時以前に、大辟（重罪）以下の罪を犯した者は、その軽重にかかわらず、犯罪が既に発覚しているか否か、判決が言い渡されているか否かにかかわりなく恩赦の対象とする。ただし、八虐・故殺謀殺・贋金の密造・強盗の累犯・伊勢神宮および八幡神宮からの訴による者は除外するというものである。これは神宮の権力は大きく、その訴には施政者も逆らい得なかったということである。「八虐」とは謀反・謀大逆・謀叛・悪逆・不道・大不敬・不孝・不義の八罪をいう。

また高齢者と尼僧で百歳を越えた者には穀物四斛（石）、九〇歳以上の者には三斛、八〇歳以上の者には一斛を支給する。天下平穏・万民がやすらかであることを自分が願っていることを、広く遠近の者に地域の首長が告げ知らしめよ、というものである。

一斛は一〇斗で約一八〇リットルに相当する。同一条文の中に、恩赦と高齢者・尼僧に対する給付が規定されていることは、対象者別の施策規定が未分化な状態にあったといえる。

朝廷の慶事・凶事にさいして恩赦や賑給を行うことは古代律令国家の時代からの慣例であった。改元を祝って鎌倉幕府がこうした施策を実施したことは、古代律令国家における朝廷を範として、新政権の樹立を意図してのことであろう。

嘉禄元(一二二五)年一〇月、「公家新制三十六箇条」が発布された。この宣旨は、人身売買の禁止について規定した。とくに博打(ばくち)に負けた者が、その賭け金が払えないために行う人身売買を厳しく禁じた。これは全国に告示された。しかし寛喜二(一二三〇)年の暴風雨とこれによる洪水は民家や農作物に多大な被害を及ぼした。いわゆる「寛喜の飢饉」がこれらの災害によって起ったのである。人身売買は各地で頻繁(ひんぱん)に発生した。窮民の多くの子女が売られていった。子女の買取が行われたということは、売春に加えて女子の労働力を必要とするような産業の発達の萌芽があってのことであろう。

こうした人身売買の横溢(おういつ)を見過すことができなくなった幕府は、延応元(一二三九)年、つぎの三つの関連のある布令を連続して公布した。

第一は、同年四月一三日に公布した「人身売買禁止ノ件」である。

可㆑令㆑搦㆘禁勾引人幷売㆓買人倫㆒輩㆖事
守㆓嘉祿元年十月廿九日　宣旨㆒、可㆑有㆓其沙汰㆒者(38)

これは、北条泰時が寛喜三（一二三一）年に公布した「新制四十二条」の第三六条に依拠して、子女の誘拐ならびに人身売買を禁止する旨指示したものである。鎌倉幕府法による人身売買に関する布令は、幾度か公布されているが、その基本となったのが本条である。しかしこれは訓示規定であって、違反に対する罰則はその内容に含まれていない。

第二は、同年同月一七日に出された「人身売買禁止の特例」である。

寛喜三年餓死之比、爲㆓飢人㆒於㆓出來之輩㆒者、就㆓養育之功勞㆒、可㆑爲㆓主人計㆒之由、被㆓定置㆒畢、凡人倫賣買事、禁制殊重、然而飢饉之年計者、被㆓免許㆒歟、而就㆓其時減直之法㆒、可㆑被㆓糺返㆒之旨、沙汰出來之條、甚無㆓其謂㆒歟、但兩方令㆓和與㆒、以㆓當時之直法㆒、至㆓糺返㆒者、非㆓沙汰之限㆒歟(39)

その概要はつぎのとおりである。

寛喜の飢饉は多数の餓死者を出したので四月一三日の沙汰を出した。しかし寛喜三年、前年の風水害・冷害によって収穫は激減し、この年の春には大飢饉となった。このさい餓死を免れるために富める家に身を寄せ、奴婢となった子女を、その後主人が売却した場合は、その養育の功労として売買の合法性を容認する。人身売買は禁止されているが、飢饉の年だけは許されることがある。しかしながら飢えている者を買取り養育した者が、飢饉当時の低廉な価額で売主から取り戻す訴えを起こされることには理がない。ただし売買両当事者が談合の結果、現在の価格で奴婢を買い戻すことは差しつかえない。

これは人身売買禁止の緩和措置である。「人身売買禁止ノ件」が出された四日後に、こうした規制緩和がなされたのは、寛喜の飢饉が如何に深刻であったかということである。

第三は、同年五月一日に公布された「人倫売買厳重禁止ノ件」である。

一　人倫賣買事、禁制重之、而飢饉之比、或沽二却妻子眷屬一、助二身命一、或容二置身於富徳之家一、渡二世路一之間、就二寛宥之儀一、自然無二沙汰一之處、近年甲乙人等面々訴訟、有レ煩二于成敗一、所詮於二寛喜以後、延應元年四月以前事一者、訴論人共京都之輩者、不レ能二武士口入一、至下關東御家人與二京都族一相論事上者、任下被レ定二置當家一之旨上、可レ被二下知一、凡自今以後、一向可レ被レ停二止賣買一之状、依レ仰執達如レ件[40]

これは四月一七日の沙汰を追認する一方で、その適用に期限を設け、これを限時立法とした布令である。

その概要はつぎのとおりである。

人身売買は本来厳重に禁止すべきことである。しかし飢饉のさいに餓死を免れ生きのびるために、止むを得ず妻子や血縁者を売って、あるいは裕福で徳のある家に渡して生計を立てたのであれば、非常措置として禁制の効力を中断する。寛大な心でこれを不問に付してもよい。これは最近この件について何人もの者が訴えを起こし、裁判に支障がでてきているからである。しかしこの緩和措置が適用されるのは、寛喜の飢饉以降、延応元年四月までに行われた人身売買についてのみである。その後は人身売買を禁止し、これに違反すれば上意を受けて取り締まるということである。ただし、これは関東御領に属する者にのみ適用するというものである。

翌仁治二（一二四一）年二月、鎌倉に大地震が起り、三月には大火、四月には再び地震が起った。[41]こうした状況のなかでは放置される囚人と「乞食」に対して、つぎのように施行（ほどこし）を行うことが同年一二月三〇日付で布告されたのである。

　　癸未。前武州参二右幕下。右京兆寺法花堂一給。又獄囚及乞食之輩有二施行等一（後略）[42]

つまり執権北条泰時（前武州）は、源頼朝（右幕下）・北条義時（右京兆）等の墓参を行い、その供養として囚人と「乞食」に一時給付を実施したということである。

この布令は、受刑者と「乞食」を同一視したものといえる。確かに貧困は犯罪の温床となりうるものであるかもしれないが、「乞食」と犯罪者は異なるという認識がなかったといえる。

北条泰時が執権であった期間、「平時に民心を収攬しておいて非常時に備へる目的」で、こうした一時的救助が無作為に行われていた。福祉法制は、この頃からその場その場の必要にせまられ、場当たり的に形成されていたのであり、そのことは現在も同じである。「北条泰時の飢饉救済は正しくその政略的救済の顕著な例證[43]」といえる。

仁治三(一二四二)年、北条経時が執権となり政権を担当した。その時すでに京都には大風雨による被害が出ており、また農村では旱魃で作物が減産した。これに加えて諸国に伝染病が流行し、とくに京の都では疱瘡(ほうそう)（てんねんとう）および赤痢に罹患する者が数多かった[44]。

こうした社会状況のもとで「寛喜(かんぎ)ノ飢饉」にさいして出された人身売買に関する布令を再検討する次のような規定が、寛元二(一二四四)年二月一六日公布されたのである。つまり人身売買禁止に関する限時立法の有効期間はすでに過ぎているが、これを全く無とせず、一定の制約の下に継続するということである。

今日有二評定一。條々被レ定二其法一

一　奴婢養子事

号二進退者一。不レ可レ及二賣買一

一　寛喜飢饉養助叓

無縁非人不レ及二御制一。於二親類一者。一期之程雖二進退一。不レ可レ及二子孫相傳一

一　人倫賣買直物叓

於二御制以前一者。可レ糺二返本主一。至二以後一者。不レ可二糺返一[45]

その概要は、つぎのとおりである。

奴婢・養子がたとえ足手まといになってきたとしても、これを売ってはならない。但し、寛喜の飢饉のさいに救助した「非人」はこの限りではない。しかし被救助者が親類縁者であれば救助を継続しなければならないが、救助はその者一代限りである。

これらの規制は、「寛喜ノ飢饉」による人身売買価格の制限が沙汰された以前の売買であるか否か等、個別の事情を評定により判断して措置するというものである。

経時の時代に入り、以前よりもさらに柔軟な対応が求められたのであろう。

評定は会議による約款であり、その変更には律令制度のもとで機能していた「格」「式」のような施行規則・臨時の單行法を必要としなかったのである。つまり相互扶助の精神が民間にあって、それに基づく取決めが土台に実在していた。施政者は、その欠落部分に臨時の布令で対応していたに過ぎない。つまり郷村等の民間の相互扶助組織が発達し、広く隣保相扶が行われていたことが、統一的体系的救済制度の構築に対するニーズを押さえたのであろう。

建長四年の旱魃、建長五年の度重なる地震等による災害に罹災した民衆は、生活に困窮した。このため人身売買が普遍的事象となっていった。また狼藉（ろうぜき）を行う者が続出するようになった。このことを憂慮して朝廷（公家）は、建長六（一二五四）年一〇月一二日、京都の六波羅に設置されている幕府の出先機関、六波羅探題につぎのような御教書を遣わし、狼藉・人身売買等の違法行為を行う者を検挙するように要請した。

自二公家一被レ仰二下六波羅一撿断㕝。有二其沙汰一。今日被レ遣二御教書一。其状云

被レ差二遣武士於所々一事

御成敗之後。不レ用二御下知一。於レ致二狼藉一者。不レ及二子細一。未断之時。無二是非一被二差遣一者。尤申二上子細一。可レ被二重仰一者。又人倫賣買㕝。守二延應　宣下状一。一向可二停止一之由云々(46)

その概要は以下のとおりである。

朝廷が六波羅に仰せ下さった刑事裁判権に関して評定があった。本日意見書を賜った。その書状にはつぎのように書いてある。「武士を各所に派遣すること」。処罰の後、命令を守らず理不尽に他を犯す場合は、詳しい事情については言い及ばなくともよい。いまだ判断がなされていない時に、やむを得ず問われれば、詳しい事情を申し上げるべし。重ねて御命令を受けよ。また人身売買の件については、延応（一二三九―四〇年）の天皇のお言葉に基づいてひたすら差し止めること。

同御教書はその中で、人身売買の禁止を命じているが、災害により資産を失った民衆にとって売る物は、人間しかなかったのである。窮乏した民衆は、餓死を選ぶか人倫の道と法に背くかの選択をせまられていた。生き延びるためには法に背くしかないのが実態であった。しかしそれを放置することは朝廷の威信に関わることであるから、建前として、こうした行為は違法であるこ

とを確認し、武士を派遣して検察を求め得ることを明らかにしたが、その停止ができるという例外を認めることがこの御教書の役割であった。

犯罪を犯した児童の特別処遇については、「建長五(一二五三)年二月廿五日条」がある。

先日評定間。有二御不審一叓。被レ問二法家一云。小童部二人致二諍論一令二打合一之處。十二三歳之童部爲二一方之方人一保恵打以下之刃傷候也。可レ有二罪科一否叓。（保恵打者。大庖丁刀物也。）如二件刃傷人被レ定レ咎者。諍論根本之童部レ可爲二同罪一否叓。式條之趣可二注給一候。如レ此叓。關東被二定置一叓候はぬ也。式目之外者法意守。又時儀ニよりて御計候也者。今日彼御返叓被レ覽二評定砌一云々。法意十六以下者収贖云々。彼刃傷童十二三歳云々。可レ被レ處二科斷。不レ可レ被レ収二其身一歟。根本闘争之童。随二所犯之輕重一同レ可レ被處二贖銅一歟。同罪勿論者(47)

これは、児童が二人で口論をしている所に、一二、三歳の児童が一方に加勢して、相手方の児童を傷つけた事件である。幕府ではその評定(ひょうじょう)にあたって、この刃傷(にんじょう)人を如何に処罰すべきか、また争いのもととなった児童も同罪に処すべきかについては、法例がないので、法家に問い合せることとした。問合状にそえて、右のような事項については、幕府では未だ規定がなく、幕府法に規定がないことについては、律により、また、時儀によりはからうことになっている旨書き送った。これに対して法家より、律では一六歳以下は贖(しょく)を収めることになっているが、この児童は一二、三歳と言うのであるから、科料に処すべきで、喧嘩の当事者である相手方の児童も犯した犯罪行為の軽重に従い、科料に処せられるべきであると回答した。鎌倉幕府法においては、大筋において、犯罪児童の処遇については、「律」にならったものといえよう。

文応元（一二六〇）年正月に、奈良にある円成寺の衆徒（しゅと）（僧兵）が徒党を組んで民衆の窮状を幕府に訴えた。つまり仏教者によるソーシャルアクションが寺を拠点として起こったのである。しかし鎌倉の大火、諸国の大雨による山崩れ等の災害で公租収入が激減していた幕府には、これに対応する方策がなかった。そこで財源を支出せずに、民心慰撫の目的で出されたのがつぎに掲げる文応元（一二六〇）年六月四日「飢饉恩赦ノ件」である。

就二撿斷事一、今日有二被レ定之條々一、且被レ仰二遣六波羅一也

（中略）

一　放免事

右、於二殺害人一者、日來十□ヶ年以後、随二所犯輕重一。雖レ被レ免レ之、於二今度一者、云二諸國飢饉一云二人民病死一、過法之間、以二別御計一、不レ謂二年記一、無二殊子細一之輩者、至二當年所犯一者、被二放免一畢焉(48)

当時、犯罪者を糾弾し、行刑を行う鎌倉幕府の統括官庁は首都の南北に分けて設置されていた。

右の沙汰は、同日付で統括官が犯罪者を獄舎から放免することを命ずるものであった。従来、平常時では、殺人の罪を犯した者は入獄後一〇年を経過するまでは、獄内でいかに善行を保持しても、釈放されることはなかった。また犯した犯罪の軽重により拘禁期間が決定され、その期日到来以前に釈放されることは例外であった。つまり厳格な定期刑が実施されていたのである。

しかし右の沙汰は、今回に限り特別の御計（おはからい）で、こうした条件に合致しなくとも放免するということである。これは、同沙汰に書かれているように、諸国の飢饉により餓死・病死する者が多い。飢饉は天災が原因で起こっているので、この兇事の退散を祈って恩赦を行うという趣旨である。しかし実際には、飢饉により獄舎にいる囚人に与える食物を公の力で確保することができなくなったため、囚人を放免して自助努力で食べていくようにという趣旨である。囚人の放免による治安の紊乱を憂慮する余裕が失われていたということであろう。

文永三（一二六六）年、西国（近江以西の諸国）に、大雨による甚大な被害があり、家屋が流され、農作物の不作により食糧が欠乏した。こうした場合、本来ならば臨時のものであれ、米穀の公的給付があってしかるべきである。しかし幕府には備蓄がなく、これを実施することができなかった。そこでこれに代えて文永四（一二六七）年一〇月、軽罪を犯した囚人を放免した(49)。つまりこうした比較的危険性の少ない囚人を放免することにより民心を掌握する一方で、囚人を拘禁する舎屋の不足と囚人に供与すべき食物・衣類・寝具の不足に対応したのである。早期仮釈放という司法福祉の方策を用いて、刑務所の経費削減をはかったということである。恩赦は財政の疲弊した幕府にとって民心収攬の最後の手段であった。

　北条時宗が執権となった文永五(一二六八)年前後から蒙古が日本を脅かしはじめた。文永一一(一二七四)年蒙古は対馬（つしま）・壱岐（いき）・筑前（ちくぜん）に来襲し、多大の損害をわが国に与えた。また建治三(一二七七)年の京の大火、弘安三(一二八〇)年五月の長谷の洪水、同年一〇月の鎌倉の大火、弘安四(一二八一)年の蒙古の再来、弘安六（一二八三）年の疫病の流行等は幕府の財政に打撃を与え、民衆の生活を疲弊させた。なかでも蒙古との戦争こそが民衆の生活を最もおびやかすものであった。鎌倉幕府が外交的手腕でこれを回避し得なかったのは、施政者に国際関係を見通す視野が欠けており、紛争の調整能力がなかったといえる。

　こうした状況のもとでは、如何に規制を行っても、人身売買を阻止することはできなかった。飢えた者には人倫の道に反することなど眼中になかったのである。

　幕府は、正応元(一二八八)年「御成敗式目」に式目新編追加を行った。これは児童の人身売買を厳しく取り締まることを目的とした条文であった。

　この新編追加に依拠して正応三(一二九〇)年二月二三日に出されたのがつぎの布令である。

一　可レ令レ禁二制人賣一事

右、稱二人商一専二其業一之輩、多以在レ之云々、可二停止一、違犯輩者可レ捺二火印於其面一矣[50]

これは人身売買を行った者には、その身体に烙印を押して、一見して犯罪者であることが判別できるようにするという内容である。児童の福祉をコストをかけずに護るには、こうした方法しかなかったのであろうが、人身売買の根底にある貧困問題を解決することなしに刑罰だけを苛酷にしていっても無意味であった。烙印はたとえ犯罪者に対してであっても人権侵害であろう。

注

（1）山口正『社会事業史』昭和一三年、常磐書房、四六頁
（2）富田愛次郎『日本社会事業の発達』昭和一七年、巌松堂書店、一二三頁
（3）谷山恵林『日本社会事業史』昭和二五年、大東出版、二六三頁
（4）黒板勝美編『吾妻鏡』（新訂増補国史大系）第一、平成一四年、吉川弘文館二一一―二一二頁
（5）池田敬正『日本社会福祉史』一九八六年、法律文化社、七三頁
（6）黒板・前掲書『吾妻鏡』第一、二二五頁
（7）富田・前掲書一二三頁
（8）谷山・前掲『事業史』二六七頁
（9）黒板・前掲書『吾妻鏡』第一、三六二頁
（10）池田・前掲書七三頁。富田・前掲書一二三頁
（11）黒板・前掲書『吾妻鏡』第二、平成一四年、六七九頁
（12）池田・前掲書七三頁
（13）谷山・前掲『事業史』二六四頁

(14) 池田・前掲書七三頁
(15) 黒板・前掲書『吾妻鏡』第三、平成一〇年、一〇五頁。佐藤進一・池内義資編『中世法制史料集―第一巻、鎌倉幕府法』二〇〇二年、岩波書店、七〇頁
(16) 吉田久一『日本社会事業の歴史』一九七〇年、勁草書房、六三頁
(17) 黒板・前掲書『吾妻鏡』第三、一二四頁
(18) 黒板・前掲書『吾妻鏡』第二、五九二頁
(19) 谷山恵林『日本社会事業大年表』昭和一一年、刀江書院、七八頁。谷山・前掲『事業史』二六四―二六五頁。黒板勝美編『日本紀略後編・百錬抄』平成一二年、吉川弘文館（オンデマンド版）『百錬抄』二二六頁
(20) 黒板・前掲『吾妻鏡』第四、四四一頁。永原慶二〈監修〉・貴志正造〈訳注〉『全譯吾妻鏡五』新人物往来社　二〇〇二年、七六頁
(21) 黒板・前掲『吾妻鏡』第四、四八八頁。前掲『全譯吾妻鏡五』一二七頁
(22) 西村眞琴・吉川一郎編『日本凶荒史考』昭和五八年、有明書房、一二五―一二六頁。谷山・前掲『日本社会事業大年表』七八頁
(23) 佐藤他・前掲『中世法制史料集』第一巻、一八九頁
(24) 池田・前掲書七四頁。谷山・前掲『事業史』二六五頁
(25) 佐藤他・前掲『中世法制史料集』第一巻、二九五頁
(26) 吉田・前掲書六四頁
(27) 黒板・前掲『吾妻鏡』第二、六一五頁
(28) 吉田・前掲書六三頁
(29) 黒板・前掲『吾妻鏡』第二、七一二頁
(30) 東京府社会事業協会『日本社会事業年表』復刻版（大正一一年東京社会事業協会　戦前期社会事業文献

集⑮ 平成八年日本図書センター）七九頁
(31) 佐藤他・前掲『中世法制史料集』第一巻、二一四頁
(32) 黒板勝美編『日本紀略（後篇）・百錬抄』『百錬抄』、平成一二年、吉川弘文館、一五〇頁
(33) 谷山・前掲『事業史』二六六頁
(34) 黒板・前掲『吾妻鏡』第二、七六五頁
(35) 谷山・前掲『事業史』二六四頁
(36) 佐藤他・前掲『中世法制史料集』第一巻、六七頁。石井進・石母田正・笠松宏至・勝俣鎮夫・佐藤進一『中世政治社会思想』上巻　二〇〇一年、岩波書店、八七頁
(37) 塙保己一補・太田藤四郎『續群書類従』（経光卿改元定記）巻十一の上、昭和五四年、続群書類従完成会、三〇四頁
(38) 佐藤他・前掲『中世法制史料集』第一巻、一一〇頁
(39) 同書一一一頁
(40) 同書一一二―一一三頁。前掲『中世政治社会思想上巻』八八頁
(41) 西村他・前掲『全訳吾妻鏡五』、二四一頁
(42) 黒板・前掲『吾妻鏡』第三、二九三頁
(43) 山口・前掲書四六頁
(44) 谷山・前掲書二七七頁
(45) 黒板・前掲『吾妻鏡』第三、三一二頁
(46) 黒板・前掲『吾妻鏡』第四、五九三頁　前掲『全訳吾妻鏡五』、二四一頁
(47) 同書五五九―五六〇頁。同訳五、二〇四頁。石井良助「我が古法における少年保護」『少年法全国施行記念少年保護論集』、大正一二年少年保護協会、一三九頁
(48) 佐藤他・前掲『中世法制史料集』第一巻、一九二―一九三頁

（49）谷山・前掲『日本社会事業大年表』八〇頁
（50）佐藤他・前掲『中世法制史料集』第一巻、二八四頁

四　室町幕府法時代の社会福祉法制

北条義時は、元仁元（一二二四）年この世を去ったが、その時以降、北条本家を得宗家と称し、時頼・時宗の時代を経て権力を確立し、得宗家一門が常に政権担当者となっていった。

しかし確立し得たかに見えた得宗家一門による武家政権は、徐々に、その土台が崩れていっていたのである。それは第一に、弘安の役以降、「奉公」に対する「恩賞」が不充分であったことに御家人が不満を持っていたことである。第二に得宗家一門に権力が集中し、その血縁にない者は、知力・武力が優れていても政権の座につくことができなかったことにある。第三に総領制の崩壊により所領の分割相続が行われて各自の所領が縮小し、軍事奉仕をするための財源を各総領が持ち得なくなったことによる。これに加えて鎌倉幕府の支配や荘園制度に反対する野武士が台頭してきた。幕府はその取締りを行おうとした。しかし自ら行政組織を充分に掌握していなかっ

たため、末端にまで力が及ばず、守護・地頭が野武士と協力して独立する方向に傾いていくのを阻止し得なかった。

　鎌倉幕府のこうした権威の失墜を見て、後醍醐天皇は、幕府から朝廷に政権を奪還する好機に恵まれたと判断した。これを実行するために鎌倉幕府の政治に不満を持つ武士に呼びかけ、兵を挙げた。

　これに対抗して、鎌倉幕府は大軍をひきいて京の街に攻め込んだ。しかし幕府にとって不運なことに、有力な御家人足利尊氏が鎌倉幕府を見限り、朝廷に加担し、元弘三（一三三三）年、幕府の出先機関である京の六波羅探題（ろくはらたんだい）を攻め落とした。また新田義貞は幕府の本拠地である鎌倉にふみ込んで、これを攻め落とし勝利を収めた。これにより約一四〇年間余りにわたり続いていた鎌倉幕府の時代は終り、同時に御成敗式目の効力は形式上失われることとなった。

　鎌倉幕府の滅亡の後、後醍醐天皇は、朝廷を中心に、公家・寺社・倒幕に協力した武士等からなる建武の新制を樹立した。しかしこれが連合政権であったが故に、公家と武士が対立し統一した政権になり得なかった。連帯責任は無責任につながるということである。

　一方で倒幕の功労者足利尊氏は、朝廷から充分な恩賞に預からなかった。このことを不本意として尊氏は他の不満分子である武家集団を掌握して、新制に挑戦するために戦闘を開始した。この戦で朝廷を押さえ勝利を納めた尊氏は、後醍醐天皇を京の花山院に幽閉（ゆうへい）し、光明天皇を皇位につけた（北朝）。

尊氏は北朝から征夷大将軍に任ぜられ、十七ヶ条の建武式目を制定し、京の街に幕府の根拠地を置いた。そして将軍足利義満が京都の室町に執務所を建て、ここを本拠としたので、足利氏の政権担当時代を室町幕府の時代と称し、これは約二四〇年間続いた。一方、後醍醐天皇は吉野に逃れ、南朝を起こした。このことにより朝廷は二つに分裂したのである。したがって政権は安定せず、その後約六〇年間にわたり大規模な内乱が続いた（南北朝の時代）。

この間に守護は次々に一国を支配する領主に成長していった。そして幕府の重要な役職につく者は、足利氏の縁辺者よりも守護大名が多数を占めることとなった。しかし幕府の行政組織自体は、鎌倉幕府の構築した行政機構を継受していた。

得宗家が支配した鎌倉幕府と異なって、室町幕府は守護大名の連合政権であった。そして、鎌倉幕府の将軍と御家人の間にはあった主従関係の紐帯は脆弱であった。

なお、この期においては、公衆衛生事業、土一揆対策等、従来等閑に付されていた施策を行わざるを得なくなったのが特徴である。それは社会的・経済的条件の変容によるものであろうが、伝統的な保護救済制度では対処し得ない社会変動が生じていたのであろう。

1　救貧制度

延元元（一三三六）年一一月七日、既述のように足利尊氏は「建武式目」十七ヶ条を制定した。これは御成敗式目よりも条文の数が少なく、幕府の施政方針を定めたものといえる。戦乱により社会が疲弊する中で同式目は、つぎのように遊興や賭博を制限し、世の中を安定させるよう訓示している。

一　可レ被レ制二群飲佚遊一事
如二格條一者、嚴制殊重、剰耽二好女之色一、及二博奕之業一、此外又或號二茶寄合一、或偁二連歌・會一、及二莫太賭一、其費難二勝計一者乎(1)

「遊興酒宴は自粛すること」各箇条はきびしく殊さらに重んぜよ。それだけではなく好ましい女との情事にふけり、賭博を行うこと、この外茶の湯の会あるいは連歌の会と称し、またはなはだしい賭事に及ぶ。その費用は計算しがたい、として民衆に自粛を求めたのである。

同時につぎのような沙汰を出している。

一　可レ被レ聞二食貧弱輩訴訟一事

堯舜之政以レ之爲レ最、如二尚書一者、凡人所レ輕、聖人所レ重云々、殊可レ被レ懸二御意一也、御憐愍須レ在二貧家・輩一、被レ聞二食一入被等之愁訴一事、爲二御沙汰専一一乎(2)

「貧困者の訴を採りあげるべきこと」。中国古代の聖天子である「堯（ぎょう）」と「舜（しゅん）」の政治は、これを最優先課題としたことは歴史書の示すところである。凡人には重要ではないが、君子には大切な点である。ことさら思し召しにかけられ、貧窮している者すべてを不憫に思い、この者たちの訴に耳をかたむけ、これを採りあげることに力をそそぐことを命ずる。つまり、歴史に習って困窮者の訴えを採りあげて検討することに心をそそぐことが（社会が疲弊するなかで）施政者には重要だということである。

同式目は、足利尊氏が武家の棟梁として出した形式的な施政方針である。したがって武家社会の秩序維持のための具体的な規定ではない。その事実上の目的は、幕府の所在地とした京の街の治安維持であった。

こうした訓示規定を集成した建武式目は、武家社会にとっても、一般民衆の民生安定にとっても実効性を伴うものではなかった。つまり貧者の訴えは採りあげられず、遊興・賭博により財貨を失う者は絶えなかったということである。

2 災害救助制度

室町幕府の財政的基盤は、鎌倉幕府以上に脆弱であった。それにもかかわらず、政権取得後日の浅い明徳元(一三九〇)年、大雨による洪水で被害が出た時、室町幕府の棟梁足利義満は、民衆の税を半減し、また高齢者に賑救(しんきゅう)を行っている(3)。そしてその三年後の明徳四(一三九三)年、疫病の流行、地震による飢饉にさいして義満は、京で一万石を放出して施米を行った(4)。

災害による財政危機の折には、民衆の不満を承知の上で、恤救(じゅっきゅう)を抑制しなければ政府の財政は破綻する。そしてそれは政権の崩壊につながる。その見通しがないままに義満は、民心収攬のため、苦しい工面をして公的給付を行った。しかし臨時的・一時的給付を室町幕府が自己の財源を充当して行うことには限界があった。これに加えて、飢饉を呼び起こす原因となる根本的な災害防止対策の実施に及び得なかったのは、巨視的に事態を把握できていなかった室町幕府の政治的・財政的問題に関する見識の脆さであったといえよう。

応永二七(一四二〇)年大旱魃(かんばつ)が起こり、びわ湖の水が枯れ、淀川の川底が現れた。これにより田畑は枯れてしまった。翌応永二八(一四二一)年、これが原因で飢饉が起こり、洛中洛外を問わず「乞食」が増え餓死する者が数知れなかった(5)。施政者としての対応をせまられながら、幕府の財源は枯渇していた。時の将軍足利義持（公方）は同年（応永二八）二月一八日、つぎのように諸大名に命じて京の五条河原に御救小屋を建て施設救護を行うように布令した。地方への責任転嫁である。

抑去年炎旱飢饉之間。諸國貧人上洛。乞食充満。餓死者不知數。路頭ニ臥云々。仍自公方被仰。諸大名五條河原ニ立假屋引施行。受食酔死者又千万云々。今春又疫病興盛万人死去云々。天龍寺相国寺引施行。貧人群集云々(6)

その概要はつぎのとおりである。

そもそも昨年ひでりによる飢饉の折りに、諸国の貧窮せる者がやってきて、都は「乞食」が溢れている。その餓死者は数えきれない。道端に放置され臥っている者もいる。そこで将軍義持は、諸大名に五条河原町に仮小屋を建て、施しを行うことを仰せつけられた。食事ができず何もせずに死に至る者が千万人いるという。今春また疫病が流行し、万人が死亡したという。天龍寺・相国寺が施しを実施すると、貧窮した者が群をなして集まってきたという。

室町幕府は自ら行うべきことを寺や諸大名に行わせ、その財源で、京に集まってきた「乞食」・「浮浪者」その他の者が餓死することを喰い止めようとしたのである。これには、建武式目が京の都の民生の安定を優先することを目的として制定されたことが基盤にあった。旱魃による飢饉で餓死する者は洛外にも数知れぬほどいたであろうが、これは見捨てたということである。公的恤救に地域間格差が産まれていたのである。

つまり幕府は、諸国大名に公的救済のための支出を求め、五条河原に保護施設を設立させ、これを運営させた。これに相応して、幕府は地方に権限を移譲していかざるを得ないこととなった。このことは幕府の支配権を脆弱にした。こうしたことがきっかけとなって、分国法の時代を幕府自らが誘導していったものといえる。また寺は自発的に貧窮する者に施行（せぎょう）を行っている。これは幕府の布令がきっかけであろうが、本質的には慈悲という仏教思相に基づく仏教者の役割意識がなせることであったであろう。

正長元（一四二八）年、五月に洪水があり稲が流され被害が続出した。また永享二（一四三〇）年八月の暴風雨と洪水による被害が大きく、これらの自然災害による困窮により年貢の軽減免除を要求して土一揆が起こった。(7) 当時、通貨の流通がすでに行われていたので、一部の商人が米不足による米価の暴騰を期待して米穀の買占めを行った。これにより一般の民衆が食糧を入手することが困難になっていった。そこで幕府は永享三（一四三一）年七月一〇日、つぎのように米穀を隠匿する商人は処罰すると布令したのである。

抑去月以來洛中邊土飢饉及餓死。是米商人所行之由露顯之間。去五日米商人張本六人侍所召捕糺明。被書湯起請。皆有其失糺問之間白状。諸國米塞運送之通路。是所持之米爲沽却也。又飢渇祭三ヶ度行云々。與黨商人も皆被召捕。張本六人被籠舎可被斬云々。所司代依此事失面目職辭退云々。洛中飢饉以外也。自公方被定法。可米札沽却之由被觸云々(8)

その概要はつぎのとおりである。飢饉により京の都ならびに地方に餓死する者が出てきた。これは米商人の所行によるものであるから、買占めが露見した者六名をさる五日に召捕えて、米穀隠匿が事実か否かを神仏にかけて問い糺した。全員が事実であることを認めたので、直ちに所持している米穀を放出させた。この他の仲間の商人も召し捕えた。六名の商人は獄舎に拘禁され、打ち首にするか否か検討中であるという。この事実の発覚により、侍所(さぶらいどころ)の頭の代官は面目を失い辞職した。

将軍義教は、民間の商人に刑罰を適用すると恫喝(どうかつ)して、商人の所持していた米を放出させることで民衆の餓死を防ぎ、名をあげたのである。

米騒動を恐れたのは幕府であったにもかかわらず、「拘禁」「打ち首」等の刑事罰により、自らは出費せずに飢饉によって生じた社会問題を押さえたのである。

一部の商人による米穀の買占めという現象が起きたのは、この時期に農産物・海山物・山林の産物を売買する流通機構が徐々に構築されてきていたからである。これが「室町期の特色」(9)であった。そしてこのことがつぎに述べる土一揆対策の実施を促したのである。

3　土一揆

永享一二（一四四〇）年、質券・借物等の年限を定める法令が公布された。翌嘉吉元（一四四一）年九月一〇日、室町幕府は、当時幾内近国を中心に勃発しはじめた、債務破棄と土地取戻しを求めて、農民・土豪・地侍等が武装蜂起した土一揆の対応策として徳政令を発布した。これは室町幕府が初めて発した徳政令である。それは御家人が自己の土地を売却した場合、その後、二〇年を経過していない物件については、返却を認め得る旨布達するものであった。

徳政條々

一　永領地事

任二元亨例一、過二廿箇年一者、銭主可レ領二知一、至二未滿一者、可レ被レ返二付本主一、但爲二凡下輩一者、不レ依二年紀一、領主可レ相二計之一(10)

嘉吉元年八月に起った土一揆に対応して出された徳政令は九箇条から成っているが、これはその第一条である。同条は、御家人が売却した永代所有地の取得時効期間を延長し、元亨年間（一三二一〜二三）の三年間に実施されていた前例を跳襲して、永代所有地を売買した御家人に有利に取り計らうことを目的とした布令である。御家人のみを優遇するものであったから寺社・土倉・

土豪などは反対した。

嘉吉元（一四四一）年八月に蜂起した土一揆は、統制がとれたもので「中世変革の方向を与え」「中世封建制を切りくずす一原因になった」[11]と評価されている大がかりなものであった。つまり室町幕府の土台を揺るがす力を持つものであった。この土一揆を抑制するには、身分の低い直参の家臣の協力が是非とも必要であった。しかしこのような民衆の蜂起を抑える具体的な対応策を持たない室町幕府は、徳政令を出して御家人に対して売却した資産の返却を求めることができるという権利を与え、その資産の保護を実施することで、「御恩」の代替物とし、これにより「奉公」を期待したのである。それは室町幕府に、徳政令の発布により「土民」等の要求に対応した経験が欠落していたため、政権維持のための総合的な施策が立案できていなかったからである。そのため、その場の情況に応じて御家人に対する優遇措置を実施し、その「力」を借りて暴動を抑え治安維持を図るという対策しか思いつかなかったのであろう。

それゆえ嘉吉元年の徳政令は、既述のように寺社・豪族等の強い反対に押されて、これが布令された八日後の嘉吉元年九月一八日に修正令を出さざるを得なくなり、本条は不適用となった[12]。こうした不手際は、幕府が徳政令発布の経験を欠いていたため法令制定の具体的な能力を持ち合せていなかったことによる。そのため修正令を、時を置かずに発布しなければならなかったのである。

このような、地方分権の急速な実施ならびに民間活力への依存により、寺社・豪族に対する室町幕府の発言力は徐々に弱くなっていった。

康正二(一四五六)年七月、雷の被害が出、飢饉が発生し、これが誘引となって同年九月に再び土一揆がおこった。また長禄元(一四五七)年一〇月民衆が徳政一揆を起こし、京の街になだれこみ、幕府軍ならびに土倉軍(金融業者連合)と戦い、幕府はかなりの痛手を受けた。これをみて同年一一月山城一揆が起こり、これが奈良・大和に拡大し、大和土一揆連合が形成された。飢えた民衆が結束して幕府に歯向かったのである。

この時にこそ室町幕府は、体制を維持するために借財をしてでも公的救助を行うことが必要であった。しかし事態の深刻さについて認識をもっていなかった将軍義政は、自らこれを行わず、つぎのように僧願阿弥の行っている施行に、長禄三(一四五九)年三月六日助成を行う旨を布告したに過ぎなかった。

戊子。今年。天下飢饉。因爲㆓勧進僧願阿彌沙汰㆒自㆓今日㆒施㆓行於六角堂㆒。毎日八千人設云。盖内大臣（義政。将軍。）亦出㆓百貫文㆒助㆓成之㆒(13)

その概要はつぎのとおりである。

本年、全国的に飢饉となった。よって、僧の進言に従って、つぎのように命令する。本日より六角堂で施しを実施する。毎日八千人分を用意すること。けだし将軍義政もまた百貫文を助成する。

餓死対策が仏教者による民間主導で行われたことは、幕府の脆弱な財政力から見て致仕方なかった。とはいえ、布令まで出して幕府の助成を民衆に誇示したにもかかわらず、助成金の額が百貫文に過ぎなかったということは、あまりにも些少な助成である。政権の担当者は、災害にそなえて徴収した税を備蓄しておかねばならないはずである。これを実施していなかったことが室町幕府の盲点であった。

土倉（金融業者）や豪族の台頭は一四〇〇年代後半以降、顕著になってきていた。施政者も収支が合わない幕府の政策運営費を土倉から借用するようになっていった。そして明応三（一四九四）年五月の大地震、同年七月の京の街の大火、同月の洛外の旱魃等、災害が続いた。また翌明応四（一四九五）年八月の大地震・津波、明応七（一四九八）年六月の山崩れ・大地震、明応八（一四九九）年の諸国の飢饉等により[14]、公家も武家も民衆と共に疲弊した。この時点で、抜本的な災害対策・窮民救助対策が必要であった。しかし幕府の行ったことは、火事で類焼した酒醸業者・金融業者に六ヶ月間税を免除するという、つぎのような布令を、明応九（一五〇〇）年九月に公布したにすぎなかった。

洛中洛外酒屋土倉條々

一　火事類火在所事但、於二出火所一者、子細在レ之(15)

納錢六ヶ月除二火事月一可レ被レ免矣

その概要はつぎのとおりである。

「都の内外を問わず酒の醸造店ならびに金融業者に対する件」。これらの者が火事で類焼した場合は、その事情を調査した上で、火事の月を除いて六ヶ月間、納入すべき税を免除するというものである。

一四〇〇年代後半において、引き続く災害によって、既述のように、公家・武家が民衆と共に飢餓に瀕しているときに、幕府のとった対策は、常日頃、自らが借財をしている金融業者の倒産を防止するために、税の免除措置をとったにすぎなかった。このことは「幕府の無策傍観(16)」と評されても致仕方ない。酒造業者が税を免除されたのは、当時酒造りは米の貯蔵方法として最も有効なものであったからである。つまり幕府は優良企業に対する免税措置しか行わなかった。

土一揆対策として、ここに述べたような対応しかなし得なかったのは、施政者は御家人の土地の保全や土倉業者・酒の醸造業者・金融業者の保護を優先し、施政者として第一に考えねばならない「民の怒り」を等閑に付していたのであろう。このことは、やがて農民によるさらに強力な土一揆の台頭をうながす土壌を知らずしてつくっていたということである。

4　医療保護・公衆衛生

永享一〇(一四三八)年、将軍足利義教は、京の本能寺に「非人」風呂を設立した。これは、鎌倉幕府の時代に始まった「非人」対策を、施浴事業を推進することで本格化しようとしたものである。[17]

義教は、幕府の行う公的社会事業に公衆衛生の視点を導入したのである。また当時、入浴は医療行為でもあった。鎌倉幕府はこれを民間に委託していたが、足利義教は、公的施浴施設を設立し、自ら「非人」の入浴事業を実施した。このことは室町幕府が公的保護救済事業の対象範囲を公衆衛生ならびに公的医療社会事業にまで拡大しようとしたということであろう。

5　司法福祉制度

ここでは犯罪を犯した児童の特別処遇について検討する。項目を司法福祉制度としたのはつぎの理由による。「児童保護制度」は、児童を対象とするものであるが、それは貧窮児童の保護制度と非行児童の保護制度に別れる。両者は、その法令の性格・所管機関をともに異にしている。一方で司法福祉制度は、本来、犯罪を犯した者の処遇全般を対象とする制度であるが、なかでも罪を犯した児童の特別処遇をその主要な対象領域としている。この期については児童の刃傷事件の法令しか採取し得なかったので、あえて項目の標題を「司法福祉制度」とした。

　室町幕府法の非行児童に関する資料は明確ではないが、鎌倉幕府法とはほぼ同様であったと推定されている[18]。ただし暦応四（一三四一）年正月一九日の条に、つぎのような条項が記載されている。

　覚宗房寺主子息春力殿、顕了房五師子息春藤殿、於扉橋邊令及（「刃」）傷畢、半死半生也、雖然、両方共依爲児、惣分之沙汰都以無之[19]

これによると、「児」即ち児童の刃傷（にんじょう）については、全く刑を科していない。もっともこれは「本所法」であって「幕府法」ではない。しかし、「分国法」の時代においても、一五歳以下の児童の犯した特定の犯罪には刑罰を科していない[20]ところを見ると、室町幕府法においても同様であったと推測され得る。

　また室町幕府法においては、何歳以下を「児」として特別処遇の対象としていたかが問題となる。これに関する直接の資料は検索し得なかった。しかし室町時代においては一五歳以上の者を判形能力者（行為能力者）とし、一五歳以下の者を判形無能力者（行為無能力）としていたので、一五歳以上を刑事責任能力者としていたものと推定し得る（現在の一三歳・一四歳）。

注

（1）佐藤進一・池内義資編『中世法制史料集』第二巻、二〇〇一年、岩波書店、四頁
（2）同書七頁
（3）谷山恵林『日本社会事業大年表』（復刻版）戦前期社会事業基本文献集⑭、一九九五年、日本図書センター、六一頁
（4）西村眞琴・吉川一郎編『日本凶荒史考』昭和五八年、有明書房、四三頁。谷山・右年表六二頁
（5）谷山恵林『日本社会事業史』昭和二五年、大東出版、三〇六頁
（6）塙保己一・補太田藤四郎『續群書類従・補遺二（看門御記）（上）』群書類従完成会、平成一一年、二八九頁
（7）吉田久一『日本社会事業の歴史』一九七〇年、勁草書房、六五―六六頁
（8）塙保己一・補太田藤四郎『續群書類従・補遺二（看門御記）（上）』六〇三頁
（9）吉田・前掲書六五頁
（10）佐藤他・前掲『中世法制資料集』第二巻、七八頁
（11）吉田・前掲書六六頁
（12）井上光貞・永原慶二・児玉幸多・大久保利謙編『日本歴史大系』第二巻、一九八五年、山川出版社、六五五―六五六頁
（13）黒板勝美編『続史愚抄』中編、平成一一年、吉川弘文館（国史大系一四巻、オンデマンド版）四三五頁
（14）西村他・前掲『日本凶荒史考』一七七頁―一八〇頁

（15）佐藤他・前掲『中世法制資料集』第二巻、一〇四頁—一〇五頁
（16）谷山・前掲『事業史』三〇八頁
（17）池田敬正『日本社会福祉史』一九八六年、法律文化社、七四頁
（18）石井良助「我が古法における少年保護」『少年法全国施行記念少年保護論集』大正一二年、少年保護協会、一三九頁
（19）同論文一四〇頁
（20）分国法の時代の児童の刃傷に関する特別処遇についての資料として、今川假名目録に、つぎのような規定がある。

一　わらハへいさかひの事、童の上は不レ及二是非一、但両方の親、制止をくハふへき處、・あまつさへ欝憤を致さハ、父子共に可レ爲二成敗一也、

一　童部あやまちて友を殺害の事、無二意趣一の上ハ、不レ可レ及二成敗一、但、十五以後の輩ハ、其とかまぬかれ難歟、

大永六（一五二一）年四月一四日　（前掲『中世法制資料集』第三巻　一一八頁）

一　童部之口論不レ可レ及二是非一、但、兩方之親可レ加二制止一之處、結句致二鬱憤一者、其父爲レ世不レ可レ有レ不レ誠（後略）

天文拾六（一五三二）年六月朔（一日）　（右同書　一九八頁—一九九頁）

結び

文明がいかに発達しても人間は自然を克服することはできない。このことは現代社会においても同様である。前期封建国家の時代においては、当然のことながら、現代よりもはるかに災害防止対策の技術的水準は低かった。財政が疲弊し、かつ具体的な災害防止のための専門的な手段を充分にもたない施政者には、神仏に祈り、賑給や恩赦により天の怒りがおさまるのを待つという方策しかなかった。その一貫性のない其の場凌ぎの姿勢がこの期の臨時の単行法である布令の中に顕れている。したがってこの期の救済規定には一定の理念に基づく体系性はない。

わが国は、津波が発生する危険性が高い海にかこまれ、地震をひきおこす火山脈が国の各地に走っており、かつ山林や湖から海へと流れ込む河川の氾濫により、しばしば洪水が発生し、民家や田畑を流失させる虞（おそれ）がある多くの水流を抱えている。

この立地のもとで、紙・木・竹などを素材とする家屋が建てられてきた。こうした家屋・建物の間で一度火災が発生すると、それは連鎖して大火を招く。わが国の蒸し暑い夏と供給可能な建築資材からいえば、木材・竹・紙で家を建て、それを土壁で支えるしかなかった。しかし、こうした建物は地震に弱く、洪水・津波によって流されやすい。

つまりわが国は、災害が多い国であるにもかかわらず、建物が災害に耐えうる構造になっていなかった。それ故に施政者は、政権を担当すると同時に治水・防火をはじめとする災害防止対策を政策の第一順位におかねばならなかったはずである。

なぜならば、災害による稲や家屋の流失、貯えた資財の喪失、風水害や旱魃による不作が、飢饉をまねき、従来、一定の資産と労働によって自らの力で生活してきた者が、窮民と化していく原因となっていたからである。そしてその究極に餓死があった。

古代律令国家においては、わが国が災害の起こる自然条件を全て具備していることについての認識が施政者にあったのであろう。それ故に義倉制度や常平倉が太政官符により設けられており、災害による飢饉にそなえて米穀が備蓄されていた。

しかし前期封建国家の時代の施政者には、こうした認識が充分ではなかった。そのため災害時に対応できる統一的な制度が、形成されていなかったのである。したがって緊急時に放出する穀物を幕府は保有していなかった。これに加えて災害に強い建物をたてる住宅政策が全く行われていなかった。つまり、最も災害が多発した時期であったにもかかわらず、そのことに施政者がもっとも疎（うと）かったのが前期封建国家の時代であるといえる。

さらに、日本を襲ってきた蒙古と戦うために、莫大な資金を戦費に投入したため、それ以降、幕府の財政自体が極度に疲弊し、台頭してきた土倉（金融業者）に借財することなしには国を動かしていくことができなくなっていたのである。そのため、金融機関に対する優遇措置に通ずる仕組みがこの時代にすでに存在していたのである。

こうした財政状況のもとで、施政者が実施可能な救貧対策は、民間の行う社会事業に若干助成を行って、窮民救済に意のあることを見せて、民心をつなぎとめることでしかあり得なかった。他方で人身売買、米の不当な買占め等を行う者に刑罰を適用し、人倫の道を守らせ、窮民救助に寄与する姿勢を示そうとしたのである。

つまり自らの支出によらず民間の力と刑罰により、民の苦悩を除去するための努力をしているという姿勢を施政者が示したのがこの時代である。その意味で財源の苦しい施政者にとって、民間活動への形式的助成と刑罰は、今も昔もコストを要せずして最大の効果を挙げ得る民心収攬の方策であるといえる。

こうした矛盾をもつ前期封建国家の時代は、政治のあり方、財政状況、台頭してきた金融業者に対する保護等の社会問題を懐胎しながらも、これに自らの力では施政者が対応仕切れていなかった。災害対策と財政の安定に寄与する備蓄が政権維持の要件であることを認識しないままに、武力により政権を獲得してしまったのが前期封建国家の施政者であったといえる。それゆえ民間や地方の力に依存し、その貢献度に応じて権力を移譲し、自らの力の及ぶ範囲を萎縮していかざるを得なかったのである。とはいえ、この政権は約四〇〇年続いた。

この期においては、臨時の法令による幕府の沙汰が、ある日突然、個別の問題に対応するために布令され、一部の地域にのみ適用するといったものであったがために、モザイク的な制度にならざるを得なかった。とくに商工業が発達し、貨幣の流通が起こり、土一揆等に対応せねばならないにもかかわらず、幕府が金融業者からの借財で国を動かしていた室町期には、こうした制度を形成せざるを得なかったのであろう。

この期の窮民救助対策は「幕府独自の立場で飢饉に対応するのではなく、諸大名、有力寺院等に具体的施策を命ずるところにその救済施策」[1]の特徴があった。

つまり、窮民救助を目的とした五条河原の御救小屋は地方大名に建立させ、民衆の餓死を防ぐため米穀を商う商人を見せしめとして処罰して所持米を放出させた。また公的施浴施設・飢餓対策等の実施は民間の仏教者に委託し、一部公的助成を行うにすぎなかった。いうなれば自らの出費を最小限として窮民対策を実施したことがこの期の特徴であったといえる。

しかし医療対策と公衆衛生に目を向けていたことは評価に価する。そしてこのことが後期封建国家における医療・公衆衛生制度の整備につながっていったものと考える。

注

（1）宮城洋一郎『日本佛教救済事業史研究』一九九三年、永田文昌堂、三一七頁

第三章　後期封建国家の時代

後期封建国家の時代は、わが国が国家の組織を整備し統一国家に向けて動いていこうとしていた時代である。この期に制定された法令は前期封建国家の法令と同様に「武家の法律である」。それは「実際的にしてかつ武断的であるという特色」をもっていた。「また弾圧的にして猜疑的なる国法の特色を濃厚に持って」(1)いたのである。したがってこの期に制定された保護・救済立法は、表向きは救恤（きゅうじゅつ）であっても、その本質は苛酷なものであったといえる。

後期封建国家は、幕府と藩の二重支配体制によって成立していたので、幕府法と藩法が併存していた。幕府法には、将軍法と徳川家法がある。将軍法は、大目付を経て諸大名に示され、全国に布達される。徳川家法は、直参家臣あるいは天領の領民に適用されるもので、目付・三奉行を経て通達される。藩法には諸大名が独自に定めた制定法とその権力機構内で発達した判例法がある。これに加えて当該大名の支配地域・江戸藩邸で適用される領主法も含まれる。藩は若干の重要事項については幕府法の統制を受けたが、かなりの程度、自主的支配権が認められていた。しかし譜代藩では幕府法に倣（なら）うことが多かった(2)。

法典の編纂は中期以降に多くみられる。それは中期以降においては社会的・経済的条件の変化にもとづく民衆の力が施政者に圧力をかけ、一方で鎖国の限界が顕現してきた。このため幕府はその存亡を問われ、制度改正による対応をなさざるを得なくなったためである。

後期封建国家の時代は、徳川家が政権を担当した時代であるが、これは三期に分けることができる。

第一期は政権担当後、幕府の権力が確立するまでの時期である。この時期においては「人口が増殖し」、また「幕府の首脳であった人間が概してしっかりした人物[3]」であったことが、政権を確立する要因となったといえよう。

第二期は、「徳川の最も光輝ある時代[4]」と呼ばれている吉宗の時代ならびに老中田沼父子の活躍により経済が発展した時期である。吉宗は享保の飢饉を乗り越え、享保改革を実施し、社会的矛盾を懐胎しながらも「光輝ある時代」を築き上げたといわれている。この後、田沼父子という傑出した幕臣により組閣された政権が幕閣を運営し、幕府の財政は安定した。

第三期は松平定信が将軍補佐となった天明八（一七八八）年以降、大政奉還までとする。定信が老中となったのは京都で御所千度参りがあり、天明の大火に罹災した窮民が救済を求めて社会的蜂起を企てた年である。これに対応して定信が実施したのが寛政改革である。このことは、この期には民衆が政治を動かす力を養っていたということである。この民衆の力はその後、土一揆・米騒動に及び、天保改革を導くのである。

第一期においては政権が比較的安定していたため、給付による民心掌握の必要はあまりなかった。つまり幕政改革を実施せねばならない条件が希薄だったのである。

第二期以降に内政だけではなく国際関係においても問題が出没しはじめた。改革を実施せねばならない社会的変動が起動しはじめ、改革を実施せねばならない条件が出てきたのである（享保改革）。

第三期に入り厳しさを増した内憂外患を抱えた幕府は、問題を繕うために、更なる改革を実施せざるを得なくなったのである。それは二度にわたり行われた（寛政改革・天保改革）。

こうした土壌があって、後期封建国家における窮民救済制度は、主として二期と三期に形成された。それは享保改革、寛政改革、天保改革において法令として制定されていった。これらの改革は江戸の三代改革と呼ばれるものである。[5]

三大改革は、幕府の財政問題に端を発したものであって、財政危機の回避を意図したものであった。[6]これらの改革のいずれもが「前段階の政治のあり方を反省し、その批判のもとに政治の変更を試みようとした」のである。しかしそれには封建社会の「社会構造」が「変質を来し、それが構造的な危機を招来し、典型的には幕府の財政危機として現れたものに過ぎない」[7]という認識が必要であった。

つまり幕藩体制の財政的基礎となる農村構造が、時の推移と共に変化してゆき、それに伴う封建的矛盾が表面化してきた。この段階になって改革の必要性が生じてきたのである。[8]要するに、改革は、「幕藩体制の内部に対立＝矛盾が生まれてきたことにもとづく」[9]ものであって、この危機を察知して政権担当者が「幕府の政治的秩序の再建を企図し、従来行ってきた政策を転換する」[10]ために行ったのが三大改革であったといえる。

享保改革は幕藩体制変質のきっかけとなったもので、幕府の施政方針の動揺により従来の政策の転換をうながす改革であった。これに対して寛政改革は、幕藩体制の危機を克服するために幕府がとった「最後の対応策」というべきものであった。そして天保改革は、幕藩体制の崩壊期に、これを阻止する目的で実施されたものであるといわれている[11]。

「それらは一様に緊縮政策」を行っており、その各「前段階の時代が」「放漫な財政政策をとった時期であるのに対比して、放漫と緊縮」を「政治的に交錯させて三大改革はあった」[12]のである。そしてこの三大改革に共通する「重点と考えられる」[13]法令は倹約令であった。

享保改革と寛政・天保の改革が異なるのは、享保改革は将軍主導で行われ、寛政・天保の改革は老中主導で行われたことである。つまり享保改革は「将軍の陣頭指揮によって始められた」[14]。この点が他の二つの改革と異なる。

享保改革の特徴は農政と都市政策にあり、それは人口政策であった。具体的には幕府財政建て直しのために、年貢増徴を目指すものであった。そのために実施されたのが定免（じょうめん）制・有毛（ありげ）検見法（けみほう）・三分一銀納法の採用、新田開発の奨励であった。定免制は地方役人の中間搾取を防止して、農民の不利益を取り除くという建前であったが、享保一二（一七二七）年の定免年季切替にさいして年貢率を引き上げ、実質的には増税をもたらした。有毛検見法は、農耕地の面積の大小に基づく検地で定めた石盛を基準とせず、その年の出来高に応じて年貢を賦課する方法で、生産力の発展に対応する徴税策であった。三分一銀納法は、増し銀のせり上げによって、生産力の高い畿内・西国の畑作年貢の徴収強化を指向した。こうした享保期の収奪が幕藩体制の変質を示している。さらに新田開発が町人の資本投下に期待して行われたことは、商業資本に対する従来の抑圧から依存へと政策が転換したことを示している。[15] つまり「光輝ある時代」と呼ばれた享保改革期に幕藩体制は、実は「変質」し、「転換」していっていたのである。

寛政改革は、幕藩体制瓦解をくい止め、危機を脱出するために幕府がとった対応策であった。それは田沼時代に強まった商業資本への依存、商業・高利貸資本による農村に対する新しい収奪関係の進展を抑制するという方針のもとに実施された。人参座・銀座・真鍮座の廃止、大阪・江戸の問屋株・仲買株の一部廃止等がそれである。

都市商業資本と幕閣の癒着、それによる商業資本の権限の拡大は、農民が農業経営により生計を維持し、年貢を納めることに難渋をきたすようになる。このことは幕府の本来の収奪関係を危うくし、加えて農民の抵抗を増大させた。このため商業資本と癒着した田沼の政策を否定し、農政を重視して市場統制の主体的権限を幕府の手に取り戻すことを目的として寛政の改革は実施された。たとえば「物価引き下げ」「米価調節」の基金を村役人の囲米・積金に求めたこと等がそれである。さらに農業国家であることを基本とした幕府の本来的な収奪体制に復帰するために、

「倹約令」「備荒貯穀」「他国出稼制限」「帰農令」等を公布したのである。

これは享保改革をモデルとしたものであったが、時代の流れに逆行するものであった。都市商業資本との「共生」なくしては、幕府の財政が立ちゆかないところまで時代は進んできており、幕府といえども社会の自然な発展の方向を阻止することには無理があった。享保期とは、社会的・経済的発展段階が異なってきていることを等閑に付していたところに、寛政改革の失敗があった。社会の下部構造の動きや在り方を熟知することなく、制度改革により、矛盾の解決をはかろうとしたことが誤りであったのである。つまり時勢を見落としていたということである。

天保改革は、天保の飢饉・大塩平八郎の乱等の内憂に加えて、ロシア人ラクスマンとレザノフの来日・モリソン号事件その他の外患[16]がきっかけとなって実施された。天保元（一八二〇）年初頭から、全国的に発生した天災とこれによる凶作により、物価が暴騰し百姓一揆と打ちこわしが各地で起こっていった。これは在来の封建支配のあり方の改革を求めるもので幕藩体制自体が存亡の危機に遭遇していた。この動きを抑圧し、体制維持のために幕府が最後の力をふりしぼって行ったのが天保改革であった。これは既に過去のものでしかない享保・寛政改革を範とし、幕藩体制の再確立、財政再建を目的とするもので、それは本質的に復古的・反動的な性格を帯有するものであった。しかし寛政改革期よりも商品経済がさらに発達してきており、政権が前の二つの改革をモデルとするには、あまりにも社会的・経済的基盤が異なってきていた。このことを認識しないままに、二年間で一七八の町触を出すことで改革を実施しようとした天保改革は、体制崩壊へ向かっての社会的条件を自ら整えることになり、政策は事態に対応することができず改革は失敗に終わった。

この頃から幕藩体制は大政奉還・開国という終局に向けて滑り出していたのである。

本章では、これらの三大改革ならびにその前後において形成された各救済制度に重点を置いて検討する。

それは、これらの改革が幕藩体制再建・維持の目的で実施されたにもかかわらず終局的には、幕藩体制を崩壊へと導いたことによる。評価の高い享保改革ですら、その切っ掛けをつくったといえる。それにもかかわらず改革のプロセスにおいて実施された福祉制度は、現行の社会福祉法制の根源となり、あるいは範とすべきものが数多く見られるからである。

注

（1）瀧川政治郎『日本法制史』昭和四六年、角川書店、三二一二頁

（2）大竹秀男・牧英正編『日本法制史』昭和五二年、青林書院新社、一七八―一八〇頁

（3）内田銀蔵著・宮崎道生校注『近世の日本・日本近世史』昭和五〇年、平凡社、二六頁―二七頁

（4）同書六七頁

（5）津田秀夫『江戸時代の三大改革』昭和三一年、弘文堂、三頁以下。本書は七二頁の文庫本であるが、江戸の三大改革については最も明解な分析を行っている。

（6）同書三頁

（7）同書四頁
（8）同書九頁
（9）同書一三頁
（10）同書九頁
（11）阿部眞琴・永島福太郎・井上薫編『入門日本史　下巻』一九八一年、吉川弘文館、六六頁・六七頁・七一頁。
（12）津田・前掲書一二頁
（13）同書同頁
（14）同書二〇頁
（15）阿部・永島・井上編・前掲書六五―六六頁
（16）三谷博『ペリー来航』二〇〇三年、吉川弘文館。本書は幕末期の「外患」といわれているロシア・アメリカ・イギリスとわが国の接渉の過程を詳述している。

一　享保改革期の社会福祉法制

享保改革は既述のように後期封建国家における三大改革の一つであって、八代将軍徳川吉宗が政権を相当した時期（享保元〈一七一六〉年―延享二〈一七四五〉年）に実施した施策を総称する。吉宗が政権の座についていたのは、徳川政権の第二期にあたり、わが国の国家や社会のさまざまな制度・システムが整備され、地域や階層を超えて列島規模で社会の均質化が進んでいった時期である。(1)

吉宗は、宝永二(一七〇五)年、紀州藩五代藩主となった。宝永六(一七〇九)年将軍綱吉が没し、後を継いだ六代家宣・七代家継が相ついで他界し、吉宗が八代将軍職を継いだ。吉宗が生まれてから将軍職にあった一七世紀後半から一八世紀前半にかけては、一五世紀半ば以降続いていた農業経済成長の時代が終わり、これが低成長の時代に入った時期であった。(2)

吉宗が政権の座についたとき、それまで政権の権威を保つため無理な運営を続けてきた幕府の財政は危機に瀕していた。吉宗は就任直後から幕府の財政整理を行わねばならない立場にあった。その対策が功を奏したのは、吉宗の紀州藩主時代の経験によるものといえよう。

吉宗が藩主となった当時の紀州藩は、幕府からの借入金一〇万両が未払いであった。これに加えて宝永四(一七〇七)年、地震と津波による災害に見舞われた。吉宗は財政再建のため、家臣に給与の二〇分の一の削減をもとめ、町民・農民に新税を課し、約八〇名の家臣の人員整理を行った。また「訴訟箱」を設けて領民の声を聞き、これを治政に反映させた。これらの政策の実施により吉宗が藩を離れ将軍職に就く頃には、紀州藩は幕府からの借入金を返済し、家臣の給与からの拠出を返還し、藩庫には貨幣や米穀が備蓄されていた[3]。吉宗が将軍職に就いて行った幕府の財政改革は、この経験をもとに推進することができたといえよう。

この期には、後期封建国家の三代飢饉の一つである享保の飢饉があり、また京・江戸の大火で家を失った者が流民となり、幕府はその対策に奔走せざるをえなかった。幕府は窮民救助対策を実施するにあたり、基礎資料として全国人口調査[4]を行った。

それは、わが国が農業国家であることを前提として、農耕ができる稼働人口と将来の労働力人口の試算であった。これが享保六(一七二一)年に開始した救助対策の基礎となった。

ちょうどこの頃「農政や財政などの諸側面に金融の論理――公的貸付――が広く導入された」この「公金貸付政策推進のひとつの目的は幕府財政支出を抑制し、収入面での増加を図る」ことであった。確かに低金利の公金貸付は、事実上「救済救恤、貨幣欠乏状況の緩和という役割を果たした」。しかしそれは同時に「年貢・運上金・冥加金・御用金・国役金などの徴収のための基盤整備の役割」[5]を果たした。つまり幕府がこの期に行った夫食貸付等は窮民救済を目的とするというよりも国家財政の安定政策であった。

人口調査にも基づく公的貸付金の利息を財源として実施された享保改革の施策は、多くの社会的矛盾を懐胎するものであった。その弊害から生じる民衆の不満を抑制し体制を維持するための社会的「飴」として救恤制度の構築があったといえよう。つまり徳川政権の脆弱化が顕在化してきた時期であったからこそ享保改革は実施せねばならなかったのである。

この期の救恤制度には、幕府によるものと各藩によって構築されたものとがある。それはいづれも民心を慰撫する目的で構築されたものではあるが、実施の段階において必ずしもその目的を果たし得たか否かについての解釈は定着していないといえよう。

注

（1）大石学編『享保改革と社会変容』二〇〇三年、吉川弘文館、九頁

（2）大石学『吉宗と享保の改革』二〇〇一年、東京堂出版、三四頁

（3）同書一三頁、一四頁、一六頁

（4）内田銀蔵著・宮崎道生校注『近世の日本・日本近世史』昭和五〇年、平凡社、七六頁、二四四頁

（5）飯島千秋「近世中期における幕府公金貸付の展開」横浜商大論集、一八巻二号、一九八五年、五九―六〇頁

1　救貧制度

救貧制度は、資産・収入・扶養してくれる者がなく、自己の力ではその生活を維持することができない者に適用される。この期の救貧制度は、①定住の場所はあるが、災害・疫病・失職等により扶助を要する者に適用される制度　②定住の場所を持たない行旅者に適用される制度　③不正受給の防止制度　④地代・家賃減免制度に大別しうる。

(1)　災害・疾病に対する救助制度

既述のように地震・津波等の多い地形にあり、木材・紙・竹等の脆い建築資材で建てられた民家が立ちならぶわが国において、古くから民衆が貧窮に陥る第一の原因は災害や火災により住居・資産・働き手や職を失うことであった。それゆえ施政者は、政策目標としてまず前以て災害等により被害を蒙った者に対する救済対策を構築しておかねばならなかったのである。

i　窮民調査

享保六（一七二一）年三月、江戸牛込拂方町で出火し、焼死者三百人に及び、多くの家が焼失した。これにより住居や職を失い生活を維持できなくなった者が多数に及んだ。吉宗は市民の窮乏状態を探索するために、目安箱を評定所門前に設置した。町奉行大岡忠相等がこれを吟味し、広く窮民調査を行うことを進言した。
享保六年六月、幕府は町奉行に命じて、江戸市民の生活困窮者のなかで、家族・本人の疾病により働くことができず飢餓に陥るおそれがあると思われる者、また災害に遭遇した者を対象とする調査を行った。享保年間には、その後再三令示して窮民の申告を行わせている。その要件はつぎのとおりである。

疾病・災害による救民調査要件

一　江戸市中に居住せる窮民ｔにして、父母妻子若しくはその身疾病に罹り、産業に従事すること能はず、殆ど餓死に逼る者、但し一時外より來住する者を除く
一　曩に調査上告せる貧民にして災禍に遭遇せる者(1)

右の要件に該当する者は全て官簿に記載する。申告した者が、家産を回復し、地方に転住し、職業についた場合は、そのつどそれを届け出、台帖の記名を抹消した。
この時代において、すでに「申請主義の原則」が実施されており、保護の変更・廃止・停止には、保護台帳が機能していたのである。

ii　救恤米の給付

幕府は「享保六年九月の令」で、右の要件に該当する父母妻子・本人が罹病し、稼働不能となり、餓死寸前にある者には、米を給付し、台帳に記載されている窮民が火災に遭った場合には、

一定期間米を支給する旨をつぎのように令示した。

困窮者江御扶持米被下候事

町々におゐて、親妻子又は自分も重く相煩、挊も不罷成、及渇命候類も候はゞ、御扶持米可被下候
間、遂吟味可訴出候、但右は年來其所々に致住居候ものゝ事に候、當分外ゟ（より）参居候者之儀
は、訴出に不及候事、

一　先頃致吟味書上候町中困窮者之儀、火事に逢候はゞ、五七日之内御扶持米可被下候、右同斷之者
も候はゞ、遂吟味可訴出候、尤書上候者之内、身上取直し候歟、又は他國えも参候はゞ、是又可訴
出候事、

右之趣、自今相心得、名主家主五人組申合、相互に致吟味、書面之通之者有之候はゞ、早々可訴出
候、若打捨置脇ゟ（より）相知候はゞ可爲越度候　　以上

享保六丑年九月廿六日　　御触町中連判(2)

病により稼働能力を喪失し、餓死がせまっている者で、かつ窮民台帳に記載されている江戸市民で、家族ならびに当人が罹病し、瀕死の状態にある者は届け出ること。これを検討のうえ米を給付する。ただし給付対象となる者は、現住所に一定期間以上居住する者で、一時滞在者は含まれない。

台帳に記載されている困窮者が火災に遭えば、五七日を限度として米を受給することができる。

またこれに準ずる者も申告するならば米の受給が可能であるから申告するように。なお生活が安定したり、他の土地へ移転したり、奉公に出たり、その生活状態に変更があればその旨届け出て、台帳から抹消すること。また窮民台帳の記載事項に変更がある場合は早急に届け出ること。名主、五人組は窮民の調査を充分に行い該当者があれば報告すること。もし放置していたことが、判明すれば職務怠慢の責任を問われる旨が布令された。

当時すでに「居住地主義の原則」がとられていたのである。

iii　生活困窮者の申告ならびに登録

既述のように、享保六（一七二一）年の江戸の大火は、多くの窮民を生み出した。これに対処し治安の紊乱を阻止するために公布されたのが、享保八（一七二三）年一月「生活困窮者申告・登録の件」である。

輕キ身上ニ而及渇命可申躰之者ハ訴出帳面ニ可附置事

一　於町中輕キ身上之者、火事に逢候而、當日を送りかね及渇命可申躰之もの有之候ハヽ、訴出、前廣ニ帳面ニ記置可申候、然らハ火事に逢候度々、幾度にても妻子共御救可被下置候事、

但、帳面ニ付置候以後、身上取直し候歟、又ハ他國江も参、或ハ奉公ニ出候類有之ハ、其段訴出、帳面消可申事、

右之趣相心得、名主五人組申合、相互ニ吟味いたし、書面之通之者有之候ハヽ、早々可訴出候、若打捨置、脇より相知候ハヽ、可爲越度候以上、

正月(3)

その概要はつぎのとおりである。

町内の困窮者が火災に遭い、毎日の生活ができかね瀕死の状態にあるならば、申し出ること。これを記帳しておけば、火事に遭う度に妻子ともども救済される。ただし記帳された後、生活が安定したり、他の土地へ移転したり、奉公に出たり、その生活状態に変更があればその旨届け出て台帳から抹消すること。名主、五人組は、記載事項に変更がある場合は早急に届け出ること。若し放置していたことが判明すれば、責任を問われるという趣旨である。

つまり保護の開始・変更・廃止の原則が実施されており、これについて施政者は名主・五人組等地域の民間人に被保護者の実態の変更について監督責任を負わせたのである。

⑵　行旅病人・行旅死亡人取扱い制度

この期には、京・江戸の大火で家を失った者が巷（ちまた）を徘徊するようになっていた。また離村する農民が続出し、こうした者は、江戸・大阪等の都市に流入し行旅者となっていった。とくに吉宗が将軍職についた享保以降は、浪人、無宿者が増えてゆき、その取締りをかねて行旅病者・行旅死亡者の調査を行う目的で、つぎのような触（ふ）れが出された。

倒死病人等之儀ニ付町觸

倒死病人水死其外異死迷子等有之節者、所より訴出次第、年頃幷衣服等之品認、自今芝口町河岸に七日之内札建置候條、心當り有之ものハ、右札場江罷越、文言を見候而、其親類由緒之ものにて、病人或死骸引取度と存候もの、又は怪敷儀も有之、吟味願度存候もの者、札建置候奉行所江可訴出候、

右之趣、町中可觸知者也

享保十年十月(4)

つまり瀕死の病人、溺死者、変死者、迷子等があり、役所から通知があれば、その者の年齢、着衣等を調べ、その日から芝口町河岸に七日間、張り出して置くので、心当たりのある者は、この立札の場所にやってきて、親類縁者で病人あるいは遺体を引き取りたいと思う者、疑問を持ち調査を充分にして欲しい者は、札を建てておいた奉行所へ申し出ることを町内へ通達するように、という趣旨である。

引き取る者のいない行旅病人・行旅死亡人については、五人組がこれを取り扱った。行旅病人・行旅死亡人の取り扱いは、最終的には民間に委託していたということである。

(3) 救恤米の適正な給付——不正受給防止制度

享保一七(一七三二)年には、大飢饉に見舞われ、餓死者は多数にのぼり、疫病が流行した。幕府は各藩に金銭や米穀を貸与し、また施米(せまい)を行い飢民を救済した。享保一八(一七三三)年初頭の

餓死者の数は、一六万九九〇〇人余で、幕府は更なる餓死者の発生を防止するため一日当り男米二合、女米一合の現物給付を行った。(5) こうした給付における男女間格差は、前近代に始まり昭和五八年に生活保護法による保護の基準が改正されるまで続いた。

この餓死防止のための救恤米給付制度が適正に運用されていないという事態が生じた。これに対応するため享一八(一七三三)年一月に出されたのが左の布令であった。

其日を給兼候飢人江御米被下候事

今度町々其日を給兼候飢人江とらせ候爲ニ、名主共江御米相渡置候、此儀ニ付而、名主ハ勿論、家主等迄虚妄之儀有之歟、若又油斷ニ而飢人多く有之ハ、其所より早速可申出候、

右之通町中可觸知もの也

享保一八丑年正月(6)

その概要はつぎのとおりである。

このたび市中で生活に困窮している者に給付するために名主に米を渡しておく。このことに関して、名主は勿論のこと家主等の申告にも、虚偽の記載があるか、または不注意で困窮者を見落としていた場合は、そのことを早急に申し出ることという趣旨である。

この規定が出されたのは、救恤米の給付が適正に行われていなかったということであろう。幕府は、不正受給や濫給(らんきゅう)だけを問題とするのではなく、漏給(ろうきゅう)をも問題視していたのである。

(4) 地代・家賃減免制度

幕府は享保一八年二月、生活困窮者に対する地代、店賃（家賃）の減免制度を設けた。これは、前年の大飢饉により生活に困窮し、貸店舗・借地の賃料が支払えなくなった者の家賃・地代を減免することで自立を促すことを目的とするものであった。

困窮之者江地代店賃可致用捨旨

一　此節町々困窮之儀ニ候間、店借地借渡世難成ほとのものハ、其地主家主より地代店賃等、當分可致用捨候、若高直之申立に而、渡世成能もの
も、困窮人同前に申なし、地代店賃不納ものハ、吟味之上、急度可申付候

二月(7)

享保一八年、前年の飢饉による庶民の生活の混乱はおさまっていなかった。このため地代・家賃の支払いに苦労している者には、地主・家主は当分の間、地代・家賃を減免すること。賃料が高すぎるので生活が成り立たないという申立てにも同様に配慮せよ。しかし生活に困窮していない者がこうした申告をし、地代や店賃を支払っていない場合は、調査のうえ早急に支払いを申し渡すという趣旨である。

地代・家賃の減免さえあれば経済的に自立が可能な者を民間の力で自立させ、公的支出の抑制

をはかることを目的とした布令である。しかも民衆に「お上」のおかげで助かったという庶民の意識を養うという効果があった。

当時から地代・家賃の減免には申請主義の原則が適用されていた。ただし申請額がそのまま認められるのではなく、減免の程度は現在と同じく行政機関の裁量により決定された。また虚偽の減免の申立てには取締りが行われていたのである。

2　医療保護制度

吉宗は享保五(一七二〇)年頃より、薬草政策に取り組んだ。これは享保の直前、疫病が全国的に流行し、各藩が個別に対応することができず、医療を幕府の政策とせざるを得なくなったためである。その結果、各地で薬園が整備された。その一つが小石川薬園であり、その中に、小石川養生所が設立された[8]。これは江戸市民のための公的医療機関であり、吉宗の行った施策の中で抜きん出た功績といえる。つまり吉宗は公共政策として、医療福祉の問題に取り組んだということである。しかしそれは疫病の蔓延(まんえん)により、幕府の主要な財源である農地からあがる税を拠出する農民の農耕人口減少を阻止するための人口政策であったといえる。

(1)　小石川養生所の設立

享保六(一七二一)年八月、小石川薬園が幕府により設けられた。その翌享保七(一七二二)年一二月、既述のように小石川薬園内に、吉宗の裁可により幕府の救療施設として小石川養生所が設立された。

小石川養生所設立の件

一　小石川傳通院前に罷在候小川笙船と申者、極貧之病人之爲メ、施薬院可被仰付哉之旨、目論見書付存寄申上候ニ付、段々御吟味之上、今度小石川於御薬園、病人養生所被仰付候間、町々極貧之病人、薬も給兼候體之者、或ハ獨身にて看病人も無之、又ハ妻子有之候得共、不残相煩、養生不成者之類、右養生所ゟ(え)罷越、致逗留候て、療治受可申候、尤療治之内は、御扶持被下、其上夏冬之衣類夜具等に至迄、諸事不自由に無之様に被仰付候間、其身歩行し候ものハ格別、歩行難成病人は、家主或ハ親類、店請又は相店之成共御頼、御役所ゟ(え)可訴出候、吟味之上、名主判鑑を以、四ツ前後ゟ(より)七時迄之内、養生所ゟ(え)可相越候、其段役人にも申付置候事、

一　養生所え書計通ひ候て、療治受度と存候者ハ、其所之名主申達、名主之判鑑を持、直に養生所に参、役人ゟ(え)相達、療治請可申候、是又役人ゟ(え)其段申付置候事、

但、右之類ゟ(え)は、御扶持不被下候、養生所ゟ(え)参候刻限ハ、是又四ツ前後ゟ(より)七時

迄之内可相越事、
右之通相心得、町々にて療治請度者有之候ハヾ、養生所ㇾ(え)可差越候、病人之儀、當分致世話候儀を、六ヶ敷存、不訴出候様に取計、差留置候類、追て相知れ候共、名主家主五人組可爲越度候

十二月(9)

右の概要はつぎのとおりである。

蘭方医小川笙船(しょうせん)は、生活に困窮している病人のために、施療院の設置を幕府に進言した。これは笙船が町医者として、医薬を与えられず死んでいく生活困窮者を数多く見ていたからである。幕閣においてはこれを取り上げ検討し、小石川御薬園内に養生所を設置することを裁可した。

江戸市中在住の病人であるが、生活に困窮しており治療のための薬を入手できない者、独身で看病する者の無い者、妻子はいるが家族が全て病人で、養生できない者等は、入院して治療を受けることを申請することができる。治療の間は生活費の支給があり、衣類、寝具にいたるまで支給される。病人は名主の印鑑(いんかん)をもらい、午前十時(四ツ)前後より午後七時迄の間に養生所に出向き、入院治療を受けたい旨を役人に届け出る。

通院治療を受けたい者は、名主へその旨を申し出て名主の印鑑をもらい、直接養生所へ行き、役人に受診の許可を申請する。役人には、その手続きを通達しておくこと。ただし、通院の場合、

米等は支給されない。養生所へは入院の場合と同じく午前一〇時前後から午後七時迄の間に出向くこと。

このことを江戸市民に周知徹底させること。この手続きを厄介視して、病人の所在を届け出ず放置していることが判明した場合、名主、家主、五人組等の不作為責任が問われることとした。

養生所は、町奉行が管理し、与力二名、同心一〇名、男女雑役一一名が配置され、医師が他の医師ならびに与力と協議して診療を行った。夜中の急診については、養生所の附近に居住する医師ならびに各藩所属の医師等も加わり薬剤を調合した。このことは、当時すでに救急医療体制が構築されていたといえよう。

⑵　小石川養生所入所手続き改正の件

享保八(一七二三)年二月には、施療患者の範囲を拡大し、看病人の有る者も寄子(奉公人)であっても、極貧で薬を服用することができない者は、吟味(ぎんみ)のうえ(詳しく調べ確かめたうえで)その者を治療する旨、つぎのように規約を改正した。

享保八卯年二月

一　小石川養生所え可遣病人之儀、先達ては看病人無之者計可差越旨相觸候得共、自今ハ看病人有之とも、又ハ寄子之類たりとも、極貧にて藥も給兼候體之者ハ可訴出候、吟味之上養生所え可遣候間、

其旨相心得可申候(10)

幕府はさらに享保八年七月、つぎのような布令を出して、以後は直接養生所で診療の申込みを受け付けることとした。

小石川養生所入所手続簡略化の件

一　先達て相觸候小石川於養生所ニ、極貧之病人御扶持等被下、幷通ひ病人共養生被仰付候ニ付、逗留之病人は支配所え訴候上、名主方ニて致吟味、病人差遣候處、心得違之儀も有之哉、又は支配所え訴候事を大切に存候か、彼是世話致し候儀を六ヶ敷存、願人有之候ても、家主名主等迄、其分ニ打捨置候様に風聞有之候、依之向後支配所え相願候儀無用可致候、家主にても相店之者店請人成共、一人病人に相添、名主又は名主無之町ハ月行事、判鑑を養生所え直に持参可致候、役人吟味之上長屋え入置、養生可申付候間、壹町切ニ名主、家主致吟味、病人共養生所え可差遣候、本道外科眼病之御醫者衆迄被仰付、毎日相詰候て、療治有之間、地借店借之者迄も念を入、可申聞候、以上

享保八年七月(11)

その概要はつぎのとおりである。

従来、養生所への入所・通所の申請手続は煩雑であった。このため入所・通所の手続きを必要

とする病人がいても、家主や名主はそれを放置しているという風聞(ふうぶん)（うわさ）があった。それゆえ、今後、役所への申し出はしなくともよい。家主・名主等が、病人に付添い、名主・月行事（一カ月交代で町年寄を補佐して町務をとる者）が直接養生所へ印鑑を持って行けばよい。役人がそれを調査する間、病人を長屋で待機させ、その後、名主・家主は病人と共に養生所へ行く。養生所では内科・外科・眼科の医師が病人を検査し、協議して治療を行う。名主・家主には病人の状態を詳細に説明すること。

入院患者の定員は、享保一五年には一日一五〇名であったが、享保一八（一七三三）年には一一七名にあらためられ、治療のための在院期間は八カ月以内と定められた。つまり、公的診療機関である小石川養生所の対応できる病人の数と在所期間は、縮小されていったのである。

(3)　朝鮮人参栽培の件

享保二〇（一七三五）年、幕府は江戸に唐人参座（渡来人参＝朝鮮人参栽培所）を設置した。当時わが国は、小石川薬園で人参の栽培をしていたが、特効薬としての朝鮮人参は輸入に頼っていた。それを江戸で栽培することで、薬代が払えない者に給付することとした。そのことを記した「元文元（一七四五）年一一月の布令が、つぎの「申渡覚」である。

申渡覚

朝鮮人参之茎葉

右は病用ニ付、人参腹用いたし度存候ても、調候儀難儀者、右人参之くき葉腹用致度願候は、被下之候間、病人之好身のものニ、家主成共、名主成共、壹人附添、下野守様御番所え罷出、可相願候、尤貳度目よりは壹人罷出、頂戴致し候様可致候、曾て六ヶ敷事ニては無之候條、此旨町々え可被申聞候以上

元文元年十一月(12)

その概要はつぎのとおりである。

朝鮮人参は治療薬であるが、病気を治すためにそれを調達し服用することができない者が、人参の茎・葉を服用したいと望むならば、これを支給する。病人の好身(親類縁者)に家主か、名主のいずれかが附き添って下野守(しもつけのかみ)様の番所(役所)へ申し出ること。二回目からは単独で番所へ給付を申請する。このように手続きは煩雑(はんざつ)ではない。このことを町民へ知らせるべきこと、としたのがこの申渡覚である。

但し、無償給付は、茎・葉に限定されており、薬剤として治療効果の高い根は高価であるので支給されなかった。つまり朝鮮人参は小石川薬園で栽培されてはいたが、支給されるのは治療効果の低い茎・葉に限っており、最低限度の医療保障でしかなかったのである。

3　児童保護制度

(1)　貧窮児童の保護制度

この期においては、古代律令国家におけるような児童の施設保護制度は発達しなかったが、幕府も各藩も、貧窮児童保護制度を構築整備していっている。第一に、間引・堕胎の禁止つまり胎児の生命権の保障、第二に捨子を放置せず、養育することを目的とする養育米の給付、第三に捨子の貰受先の養育状況の追跡調査等である。こうした施策が、近代以降に制定された堕胎禁止令、棄児養育米給与方、現行の子ども手当制度、同居児童の届出制度、里親制度等を構築する基盤となっていったといえよう。

①　新庄藩の間引・堕胎防止対策

間引（親が新生児を殺すこと）・堕胎は、子どもを出産しても貧困により養育することができない者が、口減しのために行っていた。これは取締りだけでは阻止し得ない。それ故、こうした家庭には米の給付が必要であるとの見地から新庄藩により出されたのがつぎの布令である。

享保三(一七一八)年四月　新庄城主戸澤正庸

藩縣引渡演説書に曰、赤子養育米の事、東奥邊陬の悪習に寄、堕胎の弊有之、畢竟窮迫より起るを以て、古來生育の方法を施し、仍て右を除く方を立て、月々懐胎の婦を糺し、臨月には職吏伍中より心付け、出生に及び、養育難澁の向は、夫々遂検査、種々手當等致候事、數年に及候得共、頑愚の舊染不相止、就ては、嘉永度以來改革の上、其分に應し米七俵五俵三俵と三段に分け、三ケ年に割付手當來候、但七俵高は初年に三俵、其後二俵つゝ、五俵高は初年翌年二俵つゝ、三年目は一俵、三俵高は一ケ年に一俵つゝ割合にて渡來候云々、右手當の事、初發詳ならず、在方古來条目の中、一在々所々百姓の妻等、召仕の下女等、孕み子出生否、赤子をころし、堀川へ捨事甚無道之至也、自今以後堅令禁之、若し養育ならざる子細あらは、下女は主人に伺、百姓は可相達庄屋事(13)

新庄藩は、東北地方の悪習である堕胎・間引の禁止を目的として、毎月、妊婦の員数を調査し、出産時には役人を派遣して費用を支給させた。また出産後その養育が困難な者に手当てを支給した。この援助制度は数年間続けたが、堕胎の悪習が止むことはなかった。それゆえ、養育米の支給高を三段階に分け、三年にわたって分割給付する旨、布達したのである。つまり、子が三歳になるまで給付が続いたということである。

また、多くの地方において、百姓の妻、下女等が、産まれたばかりの乳児を殺し、堀川に放棄することは、理不尽ゆえ厳重にこれを禁止した。子の養育が困難な者は、所定の者に届け出、養育米の援助を受けるようにしたのである。これは享保三(戌)年四月に条文を制定して、これを厳守することが通達された（ただし、この公文書は廃藩置県の際に藩から県への業務引渡しの折の演説書に記されてあったものである）。

寒冷ゆえに農作物の実りが悪く貧しい東北においては、子の養育には多くの障碍が伴う。このことに充分に配慮して、新庄藩は乳児に対する援助制度を充実させた。このことが貧困による堕胎・間引・子殺しを防止する有効な制度として機能していたのである。

② 捨子取扱基本指針

享保一一（一七二六）年一月三一日、捨子に関する左のような基本指針が制定され、江戸市中において適用された。

捨子取扱方町奉行尋ニ付町役人申立書

一 町中江捨子有之節、只今迄ハ早速御番所江御訴申上、養育之上貰人有之候ハヽ、可申上旨被仰付、其上相煩候歟、又ハ相果候得者、貰申候町内江爲相知、此節も御訴申上候付、彼是六ヶ敷奉存候哉、貰人無之、養育間久敷乳持付置、町内物入等多難儀仕候、向後名主共承届置、養育入念申付、其内ニ貰人承合、慥成者ニ而、養育も可仕旨願申者方より證文を取、差遣申候上ニ而、何町誰と申者、養子ニ貰申度由申候ニ付、差遣候段、御届申上候様ニ仕、尤貰人方ニ而相果候共、何方江も届不申候様仕候ハヽ、能貰人も早速有之、養育之間も少々ニ而、町中御救ニ罷成候、

一　捨子町中ニ而養育仕候内ニ相果候ハヽ、此儀、前々之通、其町々より御訴可申上候、

一　右之通ニ被仰付候而も、捨子減可申様ニハ不奉存候得共、町々難儀薄く罷成申候、減可申儀者、去年中御尋之節申上候通、非人共方江少々宛添金仕、相渡申候様被仰付候ハヽ、捨子殊之外減可申様奉存候、

右、御尋ニ付、存寄申上候以上

正月晦日

年番
名主共(14)

概要はつぎの通りである。

第一に、江戸市中で捨子を発見した場合は、早急に番所へ届け出、そこで保護し養育をする。子どもを貰い受けたい者は、その旨番所に申し出ること。貰い受けた後に、その子が病気になったり死亡したならば、番所に届け出ねばならない。その手続きが煩雑(はんざつ)であると思われているため、子を貰う者は少なく、町内が養育することになり、出費が多く面倒である。今後は名主が養育の届けを受理し養育する。貰受人が有れば、手落ちなく養育するように言い渡す。貰受人がこのことを了解すれば、その者から誓約書を取り養子にすることを許可し、その旨番所に届け出る。その後養親のもとで子が死亡しても届け出る必要はない。このような条件であれば貰受人もあるものと推測される。そうすれば養育について町内の負担が少なくなるであろう。

第二に、捨子が町内で養育している間に死亡した場合は、従来通り、その町内より番所に届け出るべきこと。
第三に、このように申し渡しても捨子が減少するか否かはわからないが、町内の負担は減少しうる。また去年の問合せに答えたように、捨子に金銭をつけて「非人」に渡すと告知したならば、捨子の数は、減少すると思われる。

これは捨子取扱いに関する問合せに対する町役人の答弁書である。町役人は町費による支出の削減を捨子の保護より優先させていたということである。それは捨子は場合によっては金銭をつけて「非人」に渡すという条項がこの布令に挿入されていることから推測できる。つまり「公」にとっては公費負担の削減が優先課題であって児童の救育は後順位にあったといえる。

③　捨子養育者に関する件

享保一七(一七三二)年の飢饉については救済対策が実施されたが、[15]それでもなお口糊(ここう)をしのぐことができないために、子を捨てる親が続出した。この実態に即して、幕府が享保一九(一七三四)年九月に出した「捨子貰候者之儀ニ付御書付」は、一旦捨子を貰い受けた者は、これを他に養子として渡すことを原則として禁止した。特別の事情により、その子を他の者に渡す場合は、一〇歳未満の幼児については、はじめに貰い受けた奉行所もしくは貰受先の邸主に申告して、指示を待つべき旨を左のように布令した。

捨子貰候者儀ニ付御書付

捨子を貰、又外之者江遣候儀、彌停止ニ候、併無據子細も有之、外之者江遣し候ハヽ、拾歳迄之内ハ、先達而貰ひ候奉行所、又ハ貰ひ候其屋鋪江相届候上、差圖次第可遣候

九月(16)

諸般の事情により生活が維持できなくなった者が生き延びていくために、まず切り捨てたのがわが子であった。捨てられた子が拾われたとしても、拾った者が手落ちなく養育するとは限らない。拾った子が邪魔になり他の者に渡す場合もある。これを原則として禁止し、やむを得ず、他の者に渡す場合の手続きについて規定したのが右の御書付（おかきつけ）である。児童保護の見地から、これは捨子が貰受先を転々とさせられるのを抑制することを目的とする公文書である。

「親」というものは、必ずしも自分の子を愛し慈しむとは限らない。自分が飢えに苦しむと、子捨て・間引・子殺しをしてしまうものである。それならば一定の条件をつけた布令を出して、捨子・養子を保護していくことが実態に則した児童保護政策といえよう。

(2) 非行児童の保護制度

① 享保八年の制

非行児童に対する特別処遇について、当初幕府は、今川仮名目録の制度を踏襲していた。しかし児童の犯した放火の罪について、享保八年、新たに特別規定を設けた。これが「享保八年卯年七月三日御用覚帳書抜」であって、それは左のように規定している。

一　附火いたし候もの、十五歳より内ハ遠島、十六歳以上ハ可爲火罪候旨相極候間、向後其趣可被心得候、

卯七月

右御書付、卯七月三日和泉守殿安部式部え御渡候由ニて、式部殿より来ルニ付、写記之(17)

その概要は、放火罪を犯した者を一六歳に達している者とそれ以下の者にわけ、一六歳以上の者には火罪（火あぶりの刑）、それ以下の者には遠島（僻地への流刑）を言い渡すこととしたということである。

この規定について注目すべきことは、一六歳に達していない者の犯した放火の刑として、遠島が適用されていることである。遠島は、死刑につぐ重罪ではあるが、年少の者に遠島を科したということは、児童は改善の可能性があるので、死刑を回避しようという趣旨であったと思われる。

② 公事方御定書（くじかたおさだめがき）

後期封建国家の最大の立法である公事方御定書（寛保二〈一七四一〉年四月に完成）は、奉行に収

集させた判例に吉宗自身が意見を添付し、各奉行がこれを基に審議を重ね、従来の御法度を整理統一し、答申した一切の関係書類を編纂したものである。[18] 公事方御定書は刑事法典ではあるが、この中に現行少年法に通ずる非行児童の特別処遇に関する規定がみられる。

公事方御定書第七九条は、殺人・放火・窃盗の罪を犯した者が一五歳以下である場合、成人がこれを犯した場合と異なり、その処罰はつぎのように寛大なものとすると規定した。

拾五歳以下之者御仕置之事

寛保元(一七四一)年極

一　子心にて無辨人を殺候もの　拾五歳迄親類江預置　遠島

同

一　子心にて無辨火を付候もの　右同断　遠島

同

一　盗いたし候もの　大人之御仕置より一等輕可申付[19]　(後略)

児童は善悪の判断能力が未成熟であるゆえ、人を殺害した者が一五歳以下であれば、親類へ預け置き、その後、遠島とする。また放火した者も、これと同じく親類へ預けきその後、遠島とする。殺人と放火については「子心にて無辨」つまり年少のため物事の善悪の判断ができないという要件が加えられていたが、窃盗についてはこうした要件が欠落していた。

享保八（一七二三）年の法令において規定されていた「右二箇条格別深き巧有之ハ、評議之上、可伺之」という「右書」が公事方御定書において削除された。この改正と同時に、殺人及び放火の両条における「子心にて無辨」という文言もまた、本来は削除されるべきであった。しかしその手続きをとらなかったために、殺人および放火については「子心にて無辨」を必要とし、盗犯についてはこれを必要としない形式になったのである[20]。

年少者の殺人および放火に対して遠島を科したのは、殺人および放火は重罪であるが、年少者は矯正可能であるゆえ、遠島を科して懲戒しようとしたのである。一方で年少にして殺人・放火のような重罪を犯す者は、これを社会から隔離しようという考えにもとづくものといわれている[21]。

遠島を科せられた年少者を直ちに島へ送らず一五歳まで親類預けとしたのは、島では食物も不足がちで住居も陋屋（ろうおく）であり生活はきびしい。成人でさえ耐えられない。まして年少者を遠島にすると死亡する可能性が高い。これでは遠島にした趣旨が失われるので、一五歳までは親類に預け置き一六歳に達した時点で遠島に処したのである。

年少者の盗犯について、殺人および放火のように刑を一律に規定しなかったのは、盗犯は、犯罪の態様によって、重きは獄門、軽きは敲（たたき）・過料（罰金）と広範であるため、一律には規定しえなかったことによる。

「公事方御定書」第七九条において、「一五歳以下」とあるのは、犯罪の時一五歳以下という意味であって、処罰の時一五歳以下という意味ではない。つまり犯罪行為時の年齢により処罰を決定したのである。

③「公事方御定書」の改正

寛保二(一七四二)年四月、制定当時の「公事方御定書」第七九条は三項よりなっていた。同年一一月、同条に左の一項が追加された。

一拾五歳以下之無宿者、途中其外
　にて小盗いたし候においてハ、　　非人手下(22)

一五歳以下の無宿者が、道路その他の場所で窃盗を犯した場合は「非人」の配下とする。これは「公事方御定書」第七九条の盗犯に関する第三項の特例を定めたものであるが、次の事件を契機として追加された。

右加七儀、亀戸町源右衛門倅ニて有之候処、當八月出水ニ付助船ニ乗り、江戸え参候ぇ共、源右衛門儀は継父ニて、常に當り悪敷御座候ニ付、宿えハ不相帰、巾着切仲間え入、兩國橋邊ニて腰銭等盗取候、右之通當り悪敷とて、親源右衛門方えハ不相帰、無宿ニ成り、盗仕候段不届ニ御座候間、敲

き御仕置ニも可罷成候え共、幼年者ニ付、非人手下ニ申付候

戌十月十日牢　　　　　　　　無宿　加七[23]

つまり亀戸町の源右衛門の息子（加七）が、八月、川の水が多量にあふれ出たため、助船に乗り江戸へ来たが源右衛門は義父で、辛く当たられていたので、家へは帰らずスリ仲間に入り、両国橋辺でスリを働いていた。そしてそのまま家には帰らず、無宿者になった。窃盗は違法行為であるから、笞打ちの刑に処すべきではあるが、年少であるため、「非人」の配下とするという判断がなされた。

この事件のように軽い盗を犯した年少者は、敲（たたき）の刑もゆるされて「非人」の仲間に身分を下げられた。その後児童は、「弾左衛門」が之を保護しながら使役するのであるが、この仲間にあってもなお悪事を働いた者は、仲間うちに厳重な制裁があって、時によっては殺しても処罰はなかった。

この期の犯罪を犯した児童に対する処遇は、寛・厳の両面を持つものであったといえる。

注

（1）富田愛次郎『日本社会事業の発達』巌松堂書店、昭和一七年、一八三頁

（2）石井良助校訂『徳川禁令考』前集　第五、一九九〇年、創文社、三五一頁。辻善之助『慈善救済史料』

金港堂書籍株式会社、昭和七年、四五〇頁
（3）石井・前掲『徳川禁令考』前集　第五、三五一―三五二頁
（4）石井・前掲『徳川禁令考』後集　第一、二四二頁
（5）辻・前掲書四五八頁
（6）石井・前掲『徳川禁令考』前集　第五、三五二頁
（7）同書三三三頁
（8）大石学編『享保改革と社会変容』二〇〇三年、吉川弘文館、二〇頁。辻・前掲書四五一頁
（9）辻・前掲書四五一―四五二頁
（10）高柳眞三・石井良助編『御触書寛保集成』一九九七年、岩波書店、一〇八六頁
（11）同書一〇八六―一〇八七頁
（12）同書一〇八九頁
（13）辻・前掲書四四七頁
（14）石井・前掲『徳川禁令考』後集　第一、二〇七―二〇八頁
（15）享保十七年九月二十八日壬午、中國四國九州大ニ飢饉シ、疾病流行ス、幕府、諸藩ニ金穀ヲ貸與シテ、之ヲ救恤セシム、然レドモ尚飢餓多キヲ以テ、後又自ラ施米シテ飢民ヲ救フ（辻・前掲書四五八頁）
（16）石井・前掲『徳川禁令考』後集　第一、二〇八頁
（17）石井良助「我が古法における少年保護」『少年法全国施行記念少年保護論集』大正一二年、少年保護協会、一四四頁
（18）内田銀蔵著・宮崎道生校注『近世の日本・日本近世史』昭和五〇年、平凡社、六九―七〇頁
（19）石井・前掲『徳川禁令考』別巻、一一七頁
（20）この間の経緯については、石井前掲論文、一四九頁が詳述している。
（21）石井・前掲論文一五〇頁

(22) 石井・前掲『徳川禁令考』別巻、一一七頁
(23) 石井・前掲論文一五二頁

二　寛政改革期の社会福祉法制

寛政改革は享保改革と天保改革の中間にあって、享保改革と同様に幕府の財政再建を目指して実施された。それは享保改革を一部受けつぐものであって、その対策は近代以降にも継受されるものであった。

寛政期において、災害等により幕府の財政は以前よりも疲弊し、施政者は窮地におかれていた。この状況を克服し、また田沼時代と呼ばれる前政権の不正をどう是正するかが寛政改革の課題であった。

そして「この時期こそ……近世国家・社会の解体の始まりであり、近代の胎動[1]」の序章であった。この解体に向けての流れを阻止しようとする幕府や藩の行った対策が寛政改革であり、その有効な方策として構築されたのが保護・救済制度であったといえよう。

寛政改革の実施期間は、松平定信が老中に就任した天明七(一七八七)年にはじまり、定信の引退する寛政五(一七九三)年までの六年間である。

定信は宝暦八(一七五八)年、御三卿田安家の七男として産まれたが、白川藩主松平定邦の養嗣となり、天明三(一七八三)年に白川藩主となった。天明の飢饉における白川藩（福島県南部）の農政重視の政策が評価され、天明七(一七八七)年老中となった。その後大老となり、幕閣を統率した。

寛政改革を実施するにあたって、東北の出身である定信は、「生産力も低く経済的な発展もさほどいちぢるしいところのなかった」「東北諸藩の事情」を熟知していたが故に、東北各藩の「それに対する対策」に注目していた。「東北地方にあっては幕藩体制の維持をはかる政策は、本百姓経営を再生産しうる条件をみいだすこと(2)」が必要であることを確信していた。そして生産力が低いといわれている東北は、国土としての農地面積は広かったのである。

それゆえ定信は田沼政治が商業流通政策に重点を置き、市場経済を重視していたのを刷新し、農政を重視する政策に復帰した(3)。また役人の不正を摘発し、勘定所役人を更迭、将軍交替時の巡見使を利用して腐敗代官らを摘発、恣意的な関東の支配機構を整理し、経費削減を実施した。天明六(一七八六)年の災害がもたらした凶作(4)は「米価高騰・飢饉・一揆・打ちこわし(5)」が連鎖して定信が老中となった天明七(一七八七)年には幕政は危機に瀕していた。この状況を克服するため定信は、食糧の備蓄政策を実施することとし、寛政元(一七八九)年には、諸大名に毎年囲米をすることを命じ随時点検した(6)。

夫食貸付・囲米奨励・馬喰町屋敷公金貸付、農村人口回復を目的とした人返し令を出したこと等が、寛政の改革の特徴である。騒動の取締りや弾圧とともに、その原因となった社会的矛盾への対応、つまり「封建的社会政策」[7]が幕藩制国家維持のため実施されたということである。

寛政改革の直接の契機となったのは京の大火であった。この災害で罹災した民衆の救済を、施政者は貸し付けた米と金銭の返済金を基金とする囲米で行った。また天明の大飢饉の際に「米買占めの不正を働いた」「商人の財産を没収し」「これを囲米の購入資金にあて、京都町奉行所に建てた土蔵に備蓄した」。大坂（大阪）では「町人に『志し次第』と自発的な金銭や米の拠出を求めてこれに蓄えた」[8]。つまり不正の摘発により商人から没収した財産と民間に拠出させた金品が窮民救助の基金となったのである。

この制度が明治一三（一八八〇）年制定の「備荒儲蓄法」の根源である。

以下、寛政の改革において実施された救貧制度、災害救助制度、行旅病人・行旅死亡人取扱制度、障がい者特別処遇制度、児童保護制度について検討する。

寛政の改革の端緒となった民衆運動は、光格天皇在位時、災害により天明の大飢饉が起こったことにより、天明七（一七八七）年、京都において窮民は朝廷による救済を求めて請願運動を行った。これが同年六月に行われた御所千度参りである。天皇は窮民の救済措置をとることを幕府に下達した。これを受けて幕府は「窮民救済のため米の放出を京都所司代に命じ」[9]た。飢饉の際の窮民救助対策は、本来幕閣が主体となって実施するべきことであるが、これが天皇の命に従って実施することとの「先例」となっていったのである。つまり天皇の権威が幕府の上位にあることを民集が認識していることを示す事件であった。そして後の天保の飢饉の折にも同様に天皇の勅書にもとづいて幕府は窮民救済を行っている。富田は、前近代における慈善救済施策＝福祉政策を常に天皇制に結びつけて論じているが、こうした朝廷の救済における位置づけが後に大政奉還が行われる基礎となったといえるかもしれない。

注

（1）藤田覚編『日本の時代史（一七）近代の胎動』平成一五年、吉川弘文館、二七四頁
（2）津田秀夫『江戸時代の三大改革』昭和三一年、弘文堂、四二頁
（3）竹内誠『寛政改革の研究』平成二一年、吉川弘文館、九頁
（4）西村眞琴・吉川一郎編『日本凶荒史考』昭和五八年、有明書房、七一一―七一二頁
（5）藤田・前掲書二四頁
（6）同書同頁
（7）同書同頁
（8）同書二四―二五頁
（9）同書三二頁

1　救貧制度

この期の主要な窮民救助を目的とした救貧制度として米銭給与制度と七分積制度がある。

⑴　米銭給与制度

米銭給与制度は従来から実施されてきてはいたが、寛政改革において整備された。幕府は「享保六年九月の令」で餓死が迫っている者には、五日ないし七日間扶持米を支給する旨を令示し、享保一八（一七三三）年四月には対象となる者の範囲を拡大した。この米銭給与制度の給付基準を整備し適用対象を明確にしたのが、寛政四（一七九二）年五月二一日制定の「窮民御救起立（きゅうみんおすくいきりつ）」である。

寛政四子年五月
　窮民御救起立
　　　　　　　　　　　　　　　　　　　　　　　總　町　々
　　　　　　　　　　　　　　　　　　　　　　　名主
　　　　　　　　　　　　　　　　　　　　　　　家主共

一　七拾歳位より以上ニ而、夫幷妻ニわかれ、手足之働も不自由ニ而、やしなわるへき子も無之、見繼可遣ものもなく、飢にも可及もの、
一　拾歳位より以下ニ而、父母ニわかれ見繼可遣もの無之類、
一　年若ニ候共、貧賤なるもの、長病ニ而見繼可遣ものも無之、飢にも可及類、
右箇條之類ハ、町役人共得と糺候而、柳原籾藏會所江、其町々名主印形書付を以、家守共より可申

出候、去年觸置候通、町々積金之内ニ而、右之通、實之難儀成者江ハ、手當可渡遣候、
右之趣、町々名主家守共、不洩様可申通候
五月廿一日[1]

その概要は、つぎの通りである
七〇歳以上の者で夫または妻に死別・離別し、身体が不自由で、その者を経済的に扶養し、介助してくれる子どもがなく、餓死する可能性のある者
一〇歳未満の者で父母に死別等し、養育してくれる者のいない児童
年の若い成人ではあるが、貧しく身分の低い者が、病気になり長期に療養し、それを看護する者もなく餓死する可能性のある者
これらの者は、町役人が調査のうえ、各家の世帯主から所属する町内会長の捺印した書類を柳原籾蔵会所へ届け出ること。そうすれば昨年通達したように七分積金の中から手当てが支給される。

その給付額は、つぎのとおりである。[2]
一　単身世帯の者
1　単身の壮年の者が三〇日以内、病気で寝込んでいる場合は白米五升、銭（金銭）一貫六百文[3]を

支給する。もし、三〇日以上病床にあるならば半人増五百文。五〇日以上であるならば一人分増。また百日以上ならば二人分給付する。

2　極老（七〇歳以上）で身寄りのない者が三〇日以内病床にあるならば白米五升、銭三百貫百文支給する。三〇日以上になれば三〇日未満の二倍、五〇日以上になれば三倍、百日以上は四倍支給する。

3　右にあげた者に、所定の給付を行った後にもなお病気が全治しない場合は、更に規定の給付を行う。これは一〇日を周期として給付する。その額は、壮年の者には白米五升（一升は約一・八リットル）、銭四百文（一文は一厘の穴銭）三人増。七〇歳以上の者には白米五升銭四貫六百文で四人増しを給付する。

二　二人世帯の者

1　二人世帯の者でそのうちの一人が病床に伏せば、白米一升、銭二貫二百文を給付する。

2　二人同時に病床に伏すならば二人分を給付する。

窮民御救起立による救済は、餓死の可能性の有無を規準とする厳しいものではある。しかし給付規準を定めることによって一定の生活状態に立ちいたった者は救済されることを明記した。これは現行生活保護法の原点といえよう。

(2) 町会所及七分積金制度

町会所および七分積金制度は、寛政二(一七九〇)年の物価引下令の失敗を契機として創設されたものである。つまり「物価引下令を強行する過程で、幕府は」「さまざまな障害につきあたり、この方策のただならぬ困難さを如実に知らされることによって、むしろ従来、物価引下令の伏線ないしは一手段として、間接的に立案されていた七分積金令、およびそれに伴う町会所の設置に、幕府の主要な関心が移行[4]」していった結果創設された制度である。

寛政三(一七九一)年、天明の飢饉の後、江戸市中の物価が高騰し、町方の負担が重くなったため、町法を改正して町費の節減をはかり、節減したその差額によって救貧行政の実績をあげる目的で、この制度は寛政三年一二月に創設された。これは「江戸町人(地主層)が負担する町入用費を節減し、その節減額の七分(＝七〇％)を新たに設置した町会所に江戸町人をして毎年積金させ、その積金の約半額を目途に籾を購入して飢饉に備え、残余の積立額は、不動産を担保に低利融資するという方法で、翌寛政四年から実施に移された」。「この七分積金令が、物価引下策の一手段として立案された」のであるが、これは物価引下令を有効に機能させるため、「別の方法による間接的な物価引下策を、関係役人に提示[5]」するものであった。

つまり、七分積金は、人口密集地である江戸の「非常時に於ける困厄」にそなえる目的で町入用金を節減して得た金額のうち、二分を地主等の増手取金とし、一分を町入用の予備費として取りおき、残りの七分を町の囲籾と積金とし、飢饉等不時の入用に備え、また窮民・孤児の救済費に充てることを目的として創設されたのである。この事務を取り扱う機関として、寛政四(一七九二)年に町会所が設立され、同時に籾蔵が設けられた。町会所の役員には、監督として勘定奉行、町奉行、与力、同心、ほかに用達十数名、手代若干名を置き、幕府の下賜金一万両をはじめとして、町内の積金を預かり、会所諸入費の支払い、家賃および利子の取立て、窮民の手当て、米銭の総勘定等を実施した。(6)

町会所は明治初年にいたるまで続き、その資金も当初は節約金三万七千両、七分積金二万五千九百両であったが、明治七(一八七四)年、七分積金が東京市に引き継がれたときの総額は、百七十万両になっていた。新政府はこの積金で東京府庁の新築、両国橋その他大橋の架橋、商法講習所(一橋大学の前身)の創設、ガス燈・街灯の設置、共同墓地の設置、外濠の浚渫(しゅんせつ)(泥をさらって深くすること)を行った。(7)

窮民救済を目的として積立てられた町費によって創設された七分積金制度は、救貧行政のためには十分に活用されなかったということである。江戸は度重なる火災・水害に遭(あ)い、凶作に見舞われている。そのつど多くの生活困窮者を生み出し、餓死した者も多い。それにもかかわらず、積金は増加し、創設より八〇年間で百七十万両の巨額となった。つまり、七分積金は窮民救済のためには支出されず、幕府の資金源として役人の手に保管されていたのである。そしてその一部は、明治政府が政策目標とした「富国強平策」の「富国」の部分を担う人材の養成機関の設立に使われたのである。

この制度は、幕藩体制を財政面で支えはしたが、金銭を拠出する町民の不満は大きかった。しかし一方で、飢饉等の問題が発生した時に、七分積金により救済され得る、という庶民の期待が、江戸の秩序維持に機能するという効果をもたらし、民政を安定させたのであろう。

2　災害救助制度

郷村貯穀の方法として、幕府は天明八(一七八八)年四月「備荒法」を布令し、寛政二(一七九〇)年には郷稟(ごうりん)(村の米倉)を創設した。これにより幕府が若干の補助を行い、各村が食料を備蓄することとなった。同法により凶作にそなえて代官が指示して、主として稗(ひえ)を貯え、ついで麦、黍(きび)、乾(ほし)截(な)、蘿蔔(らふく)(だいこん)の類を貯えた。当初は小量を徴収し、村の富農の倉に貯蔵し毎年新穀と入れ替えるように命じた。

しかしこの方法は、農民に郷稟を管理する富農が貯穀を着服しているのではないかという疑惑を与えた。そこで住民の疑惑を解消するために、徴集した穀物は、代官、手代もしくは委託地の吏員がこれを管理することとした。また穀物の徴集名簿を作成して毎回その額を記録し、後日代官および委託地の長官が臨検し、その帳簿の監査を行った。

なお各村の貯穀には、幕府から三年に限り若干の補助を行い、凶作のために貯穀の徴集が困難な村には、所定の穀額を給付し、また郷稟の建築には官林の木材を供与し、釘および鉄具、木匠(大工)、工具等の費用は郷村が負担するものとした。(8)

市街地における災害救助制度は多少遅れ、寛政三(一七九一)年、江戸において同様の令示が出され、各藩においても各種名称組織のもとに、社倉および義倉制度が実施された。

定信の隠退直後の寛政六(一七九四)年三月、大阪市街に災害救助に関する令示が出された。これは天満川崎奉行所の所管に属する会計場の閑地に、官費で倉稟(そうりん)(穀物等の収納庫)を新築し、ここに、米穀を買い取り蓄積し、また市民に金銀銅貨もしくは米・雑穀の上納をさせ、これによって凶作にそなえたのである。その貯穀に対しては、その後一〇年間、毎年官費によって補助し、倉稟の建設・運営および米穀換積等の費用もことごとく官費で支弁することとした。(9) つまり寛政の改革による福祉政策は、一部、次代の政権に継承されたということである。

3　行旅病人・行旅死亡人取扱制度

行旅病人・行旅死亡人の保護については、すでに古代律令国家・前期封建国家の時代から実施されてきた。後期封建国家に入り寛永元(一六二四)年九月「郡村の制規九箇条」[10]、元禄七(一六九四)年「公領地各村の五人組帳条目六十一ヶ条」、享保一〇(一七二五)年「倒死病死人等之儀ニ付町觸」等により、ある程度制度的保護がなされてきた。

これを整備したのが亀山藩の「議定書」(寛政元年)であり、また行旅病人・死亡人を発見しながら、これを放置した者に対する罰則を規定した布令「行旅病者・死亡者等の届け出を怠った者への科罪」である。

亀山藩議定書は藩主松平紀伊守信道が寛政元(一七八九)年六月に制定公布した行旅病人・死亡人の保護措置について規定した指示書であった。これは藩の令示である。

論所見分幷検使且變死人行倒もの等取計之事

一　行倒を(も)の有之届出候者、在方者手代、町方ハ町目付町年寄罷越遂見分、病死於無相違ハ、其を(も)の之郷里を正し假埋申付置、先方之役人迄村町役人より其段申遣、先方より人差越候者、死骸爲見改候上、雑物等相渡、証文取置可申候、在所不相知候者、其所之惣墓江埋置、札建置候而所持之品有之ハ、其所之役人江預ヶ置可申候、追而尋ニ来候を(も)の無之者穢多幷隠墓江爲取可申候、尤札を建捨ニ致可申事

但往來手形致所持候歟、叉者同行人有之候者、郷里江不及申遣、同行人證文取置其所ニ爲埋可申候、尤札建候よ(に)不及候、同行人願候とも火葬可爲無用候、勿論行倒を(も)の〆始末其所

之役人より口書可取之、行倒者身柄𛂋(に)より療治いさ(た)し候醫師之口書も可申付候、尤少も怪敷儀有之候者、同行人留置可伺之候、怪敷儀も於無之者、所持之雜物ハ同行人申旨ニ可任候、寺江納候者一札取置可申事

一　變死人有之、御領分ものニ無紛候者、縊死水死人等者、其村町之役人幷親類呼出可爲相改、外𛂋(に)相替儀無之候者、死骸渡遣へし、其所之役人幷變死人之村町役人幷親類共口書取之可申候、手疵等ニ而死又ハ手負候𛁈(も)の者、疵所相改、相果候者其儘桶ニ入番人付置可申候、手負等未死候者、其所之役人江預ケ證文取置、醫療爲加可申事

一　他領もの縊死人殺害人者、其儘ニ而番人付置可申、水死人者死骸引上ケ置其上ニ而郷里相知候ものニ候者、懸り兩奉行より先方役人江立會検使之儀可申遣候、其外手負人等右同斷之事(11)（後略）

その概要は、つぎの通りである。

行き倒れの者を発見した場合は、地域の行政機関に届け出ること。行き倒れの者がいる旨の届け出を受けた担当行政機関の役人は、その場に出向き、病死であることに間違いがないならばこれを仮埋葬して、その者の郷里を調査し、その役所に通知をし、検認を求めたうえ引き渡す。郷里が不明の場合は、行き倒れとなった地に埋葬し、立札を建て引取人の申し出を待つ。所持品は役人が預かる。引取人がない場合は死体処理担当者に取り次ぎ、埋葬を依頼する。この場合、所持品は確認書を取ったうえで寺に納めてもよい。また死亡した行旅病人の治療を行った医師の意

見も聞いておかねばならない。先方から人が来ればその者に所持品を渡し、その引渡確認書を取っておくこと。領内で他領の者が自殺または殺害された場合は、役人にその処置を申し付ける。水死人は水中より引き上げておき、郷里の判明している者は、奉行より先方の役人に立会いを求める。負傷者についても同様とする。

これは死者に対する敬意が、行旅死亡者に対して遺漏（いろう）なく表記されていたということである。また身元が判明しない者の所持品の納付先きを「寺」にしていたのは、寺院に対する敬意の表明であり、仏教者が着服等の悪事を働かないことへの信頼であろう。一方で所持品の寺への納付が死者の鎮魂（ちんこん）につながるという信仰があってのことであろう。

行旅病人・死亡人のある事を知りながらこれを届け出ることを怠った者に対しては、つぎのような処罰が科せられることを規定した布令が「行旅病者・死亡者等の届出を怠った者への科罪」（寛政元〈一七八九〉年）である。

倒死幷捨物手負病人等有之を不訴出茂（も）の御咎之事

一　倒死幷捨物等有之を隠し不届出候者　当人　過料三貫文

名主庄屋

同　貳貫文

組頭　同　三貫文

但名主庄屋組頭不存ニ決候者、無構

當人　過料三貫文

一　變死幷手負候を（も）のを隠置不届出、其外病人等
其所ニ差置候を嫌、隣村隣町江送遣候を（も）の

名主庄屋　同　貳貫文

組頭　同　壹貫文

但右同断、其品ニより名主庄屋者、役儀取上可申事(12)

つまり行旅死亡人に所持品があることを知りながら隠して届け出なかった場合、当人、名主・庄屋、組頭にそれぞれ罰金が科される。名主・庄屋、組頭がその事実を知らなかった場合は、当人のみ処罰を受ける。

変死者・負傷者を届け出ず、また病人を村から隣接する町村に追い出した場合も同様の罰金刑が科せられる。そして名主・庄屋は役職を剝奪される。

組頭が行旅死亡人の所持品を届け出なかった場合は、当人と同じく三貫文の罰金という、名主・庄屋より重い刑罰を科される。しかし変死者・負傷者を届け出ず、また行旅病人を隣の町村に追い出した場合は、名主・庄屋より軽い刑が科される。後者の方が罪状が重いにもかかわらず、なぜ組頭がこのような取扱いを受けたのかは不明である。

この規定は一見、行旅死亡人に対する保護規定の形式をとっているが、内実は刑罰的取締りにより、行旅病人・死亡人の保護を民間の組織と民衆に転嫁したものである。

4　障がい者特別処遇制度

この期において財政が低迷するなかで障がい者を救済するために、寛政四（一七九二）年、幕府はつぎのように布令した。

盲者竝癈（ママ）人

一　俄に盲になりたる者には白米五升、錢一貫六百文。外に錢一貫五百文。但し家族と同居している場合は一貫文を給與す。

一　癈人になりたる者には白米五升、錢二貫三百文。[13]

これは視覚障がい者ならびに心身に障がいがあり、日常生活に支障をきたして自存できない者を対象として制定された特別に高い給付基準である。

視覚障がい者の中でも中途障がい者は、職業訓練を早くから受けていないため、経済的自立が困難であるから、一般より手厚い給付が実施されたのであろう。但し、その者が家族と同居している場合には給付基準を下げている。つまり当時からわが国は、障がい者に対する支援を家族制度に依存していたのである。さらに、障がい者であっても、聴覚障がい者に対する支援については等閑に付されていた。

視覚障がい者に対しては職業訓練のために寛政元（一七八九）年「盲人幷盲僧取扱心得方之事」[14]という布令が出されている。その内容は、都会で、百姓や町人の視覚障がい者である息子が琴三味線・鍼治療を職業とするには検校（視覚障がい者の最上級の官名）の弟子となること。武士の息子でも鍼治療を職業とする場合は検校の配下（指図を受ける身分）となること。視覚障がい者が僧侶となり地鎮経を読むことを職業とする場合、百姓町人の息子は検校の配下となるが、武家の息子の場合は「青蓮院の宮」の配下に属すべきこととした。

視覚障がい者には、琴三味線の師匠、鍼治療、僧侶等の職業に就き、社会的経済的に自立する道が開かれていた。ただし、その者の身分による処遇の格差はあったということである。

5 児童保護制度

(1) 貧窮児童の保護制度

当時、貧窮児童の施設保護については視るべき展開はなかったが、捨子の禁止および養育に関する保護立法は以前から制定されていた。貞享四年四月の地元民に対する捨子養育の委託に関する布令、元禄三年一〇月の幼児遺棄厳重禁止、元禄九年の捨子厳禁の令示等である。これを整備し、捨子遺棄禁止に違反した者に対する厳格な刑罰を科する法令を制定・実施したのが寛政の改革であった。

しかし生活苦に喘ぐ民衆にとっては、捨子は自らが生き延びるためのやむを得ない手段であった。それゆえ捨子厳禁等の布達の効果はあまりなかった。

寛政改革の児童対策は二面性を持つもので、捨子に関して更に厳しい刑罰主義をとる一方で、人口政策として子の養育を援助する小児養育金貸付制度を創設した。この制度は帰農令と一体となった法令であるので後述する。

寛政元(一七八九)年の布令は、買った捨子を再び捨てたり、虐待死させた者に対して重い刑罰を科する旨定めた規定である。

捨子之儀ニ付御仕置之事

一　金子を添捨子を貰其子を捨候を(も)の　引廻之上獄門

但切殺〆殺ﾖ（に）をいてハ引廻之上磔

一　捨子有之を内証ニ而隣町隣村江又ゝ捨候儀顕ﾖ(に)をいてハ　當人村拂町拂

但吟味之上名主庄屋組頭不存ニ決候者無構、存候ニをいては重過料可申付事(15)

その概要はつぎのとおりである。金銭を添えて捨子をもらい受けた者が、その子を捨てた場合は、引き廻しのうえ獄門（晒し首）とする。その子を殺した場合には引き廻しのうえ磔とする。捨子をこっそりと、隣接する町村に捨てた場合は、当人は現住の町村から追放される。ただし検討した後に、名主・庄屋、組頭が事実を承知していなかった場合は、この者たちには刑罰は課せられない。事実が判明していた場合は、多額の罰金が科される。

このことは当時、児童が売買の対象となることが多かったということである。そのためこうした厳しい処罰規定を制定しなければならなかったのであろう。公的機関においては事実の把握が充分にできなかったため、名主等の地域の統率者に責任を負わせたのである。つまり事実関係の究明を民間に負荷したのである。

⑵　荒地起返並小児養育御手当貸付金制度

天明の飢饉のなか、農村から江戸へ大量の人口が流入し、農村の人口は減少した。このことは農業国家として農産物により税収を得ていた幕府の財政を圧迫した。また江戸に移入してきた者は無宿者となり、菰をかぶり往来にたむろした。この状況は江戸の治安を悪化させた。幕府はこうした者を郷里に返し、農村の人口と生産力を取り戻すため「旧里帰農令」を布令した。

寛政の改革における農村政策の主眼は、第一に「農業生産人口の回復増加」、第二に「荒地起返による耕地面積の復旧増大」、第三に「地主制の展開にどう対処するか」、第四に「農民の抵抗をどう抑え、年貢収奪をどのように貫徹すべきか」が「この期の農政に欠かせぬ重要課題であった」。つまり農政重視の政策を実施するため「幕府は、『荒地起返並小児養育御手当御貸附金』という名目の公金貸付を大々的に展開した」のである。それは「困窮農民に対する再生産の保障金[16]となった」といわれているが、実は農地からあがる税収増加による幕府の財政再建を目的として実施されたものであったのである。

「荒地起返（耕地面積の復旧増大）・小児養育（農村人口の増加）等の手当資金を捻出するために」、幕府は「関係代官を通じて畿内・中国筋農村に利貸を行った」。『荒地起返・小児養育御手当』という名目の公金貸付」は「困窮農民への救済手当資金を捻出するため」、「幕府が関係代官を通じて」「近隣の富裕農民に貸し付けることを意味している。それゆえにこそ利付貸である[17]」。「貸付金の回収はきわめて確実に保証されていたから」これは幕府の農村復興策のための資金[18]となり得たのである。

町方に出てきた農民に帰農を促す「旧里帰農令」は、寛政の改革の期間中に三回発布されている。第一回は寛政二年一一月「大目付え[19]」であり、第二回は寛政三年一一月「町觸[20]」、第三回は寛政五年四月「大目付え[21]」である。

その概要は、つぎのとおりである。

①御料・寺社領・旗本領等農村から江戸に来往した者で、帰農を希望する者には、旅費・夫食代（道中の食費）・農具代を支給するから願い出ること、②故郷以外の地で百姓として働くことを希望する者にも旅費・夫食代・農具代を支給するほか、田畑も与えるので申請すること、③大名領から江戸に来た者も帰農の意思を表明すれば帰すので願い出ること、④出願期間は寛政四年までの時限立法[22]とするというものであった。帰郷する者には旅費・道中の食費・農具代として金三両を支給する旨布令した。

しかし、支給額が少ないため、この制度を利用して帰郷する者はほとんどいなかった。そこでこれらの者が犯罪予備軍となっていくことを防止するため、幕府はこの者たちを人足寄場に収容し、職業訓練を行って社会復帰をさせようとした。これは寛政の改革において実施された現在にも通じる「社会政策[23]」といえる。

農民が江戸に移入したことや、子どもの堕胎・間引きにより農村の人口が減少し、耕作できなくなった農地が荒地となり、これが増大した。それは「村と百姓身分を主要な経済基盤としている幕藩体制にとって死活の問題[24]」であった。そのために創設されたのが小児養育金貸付制度（寛政二〈一七九〇〉年）であった。それ故、これは児童を養育するための費用というよりも、農村人口の増加と荒地の耕作が幕府の存続にとって必要なために実施された制度であるといえる。

小児養育金制度は「荒地起返并小児養育御手当御貸付金」として実施された。これは各藩に幕府が公的資金を貸し付け、藩はこれに領地の「富裕な農民や商人の献金を加えて基金とし、これを年利一割で近隣の大名や大名領内の富裕者に貸付け、そこから得られる利子」を「小児養育のための資金に充て[25]」、間引きや堕胎による人口の減少を抑制しようとしたものである。つまり小児養育貸付金は既述のように、児童の育成を目的とする児童のための政策ではなく、農地を耕し税金を納める者を産み育て、税収を確保するための人口政策であった。

村の女性が「妊娠すると村役人が代官所へ届け出て、貧富に応じて養育料として一～二両支給し、さらに困窮者には、お七夜過ぎに籾二俵、さらに一年後に籾二俵を支給する制度[26]」を創り、生活に困窮する農民が「子育てをできる援助の仕組み[27]」を実施したのである。

幕府は刑罰だけでは困窮する農民の間引・堕胎を防止できないことを覚り、養育費を提供したのである。それは人口の減少防止を目的とした貸付金であって、給付金ではなく返済義務を伴うものであったから、農民の自立を促す意図があったといえる。つまり幕府は、藩や民間の富裕層の支払う貸付金に対する利息を基金として、将来農村の労働力となる者を育てる小児養育金制度を、農村の人口政策として実施したのである。

(3) 非行児童の保護制度

幕府は政権の初期においては、非行児童に対して、『今川仮名目録』の制度を踏襲した。その後、享保八年に放火犯について規定を設けるにさいして、一五歳以上と一五歳未満に分け、前者には火罪、後者には遠島を科することとした[28]。

その後の立法上の変遷としては、安永元(一七七二)年一二月につぎのような御書付が出されている。

三奉行え

一　十五歳以下之もの御仕置之儀、仕來之通十四歳より内之ものを幼年之御仕置申付、十五歳より大人之御仕置可申付候事、

一　幼年之もの敲之儀、十五歳以下ニても敲可申付事、

但、御定書ニ幼年ニて致盗候もの、大人之御仕置より一等輕可申付と有之候間、敲ニ當り候ものを敲候ては、右御定ニ相当不致候、無宿ニて無之幼年之もの敲ニ當候ものは、向後過怠牢可申付事、

右之通、一統相心得、區ニ不相成様可致候

十二月[29]

最初の箇条は「公事方御定書」第七九条の標題に「拾五歳以下之者御仕置之儀」とある「拾五歳以下」の意味を明らかにしたものであるが、このような公定解釈を必要としたのは、享保八年の放火に関する法令においては、一六歳以上を成人と取り扱い、一五歳以下を幼年者と取り扱うとしているので、この規定との関連上、御定書の「拾五歳」以下というのも、あるいは一六歳以上に対する一五歳以下ではないか、との疑問が生じたからである。

つぎの箇条は、安永元年までは、幼年者に対して、敲を禁じていたのを、盗犯以外の敲に相当する罪を犯した場合には、敲を科することを許したのである。但書はこれに対して、幼年者が盗犯を犯し、幼年の故を以て刑を減軽され、減軽された刑が敲である場合には、これにかえて過怠牢（本刑の敲に代えての入牢）を言い渡すべきことを定めたものである。すなわち敲の一等重きは重敲、重敲の一等重きは「入墨之上敲」であるから、幼年者が重敲あるいは入墨の上敲に処すべき罪を犯した場合には、一等軽く、敲あるいは重敲を科することを許したのである。

寛政改革においては、非行児童に対する特別処遇として、寛政元(一七八九)年「十五歳以下之もの、御仕置の事」を布令した。

十五歳以下之もの御仕置之事

一　子心ニ而無弁、人を殺候もの　十五歳迄親類江預置、永牢

一　子心ニ而無弁、火を附候を(も)の　　右同断

一　盗いたし候を(も)の　　大人の御仕置より一等軽く可申付

一　十五歳以下之無宿小盗いたし候を(も)の　　穢多ニ申付

一　御領分中之を（も）の子心ニ而致悪事、十五歳迄親類預申付置候處、弟子ニ致度段寺院より願出候者、伺之上出家ニ可申付、尤出家ニ成候上者　公儀御目見いたし候寺院幷御朱印地、且御領分中ニ而寺持候儀不相成譯、師弟共證文取置可申候、出家ニ罷成候上相願候寺院之僧、右致出家候を(も)の召連、公事場江可罷出事

但御領中之を(も)のニ候共御奉行所ニをいて御仕置ニ成候ものニ候者、御奉行所江可願出事ニ候、且又人殺ニ候者、殺され候親類存念相糺し、申分於無之者、出家可申付事(30)

その概要は、つぎのとおりである。

年少ゆえに分別に欠け、人を殺した者は、一五歳迄は親類預かりとした後に終身刑に処する。分別に欠け放火をした者も同罪とする。窃盗については、成人よりも一段階軽い刑に処する。一五歳以下で住所不定の者が軽い窃盗を行った場合は、「弾左衛門」に委託する。

年少ゆえに分別に欠け、領内で犯罪を犯し親類預けとなっている者を弟子にしたいという申し出が寺院からあった場合は、奉行所の指図を求めたうえで出家させてよい。出家した後も、幕府直轄の寺院・公領地・御領分内で寺をもってはならない。このことを師弟ともに文書として保管

しておくこと。その後は、貰い受け願いのあった寺の僧は、こうした者を同伴して公の場に出ることができる。

ただし領地の者であろうとも奉行所で裁きを受けた者は、その奉行所に願い出てこれを行うこと。殺人を犯した者でも被害者の親族に異存がない場合は出家することが許される。

その後、寛政九（一七九七）年六月二六日には、博奕についても盗犯の場合と同様に、幼年者がこれを犯す場合には、敲にかえて過怠牢に処すべき旨改正された。

幼年もの博奕咎之儀ニ付書付

博奕御仕置之儀、當分敲ニ可申付旨、先達て相達候、然處、幼年もの之差別は無之候得共、博奕御仕置も敲ニ申付候上ハ、明和之度相達候幼年もの敲御仕置書付之趣ニ准し、無宿ニて無之幼年もの之事ニ候得は、人に勸められ、無辨風といたし候類ハ、其差別可有之事(31)

すなわち、寛政九年以後、年少であるために、寛大な刑を科せられる者は、殺人、放火、盗犯および博奕の四罪と成文法上なったのである。

この期において年少の者、とくに一五歳未満の犯罪児童に対する特別に寛大な処遇の制度化が実施されていたのである。

注

（1）石井良助校訂『徳川禁令考』前集　第五、一九九〇年、創文社、三五二頁

（2）富田愛次郎『日本社会事業の発達』巌松堂書店、昭和一七年、一八一―一八二頁

（3）当時わが国は金貨・銀貨・銅貨の三貨制度を採用していた。一貫は分銅実測三・七五キログラムであって、千文に相当する。

（4）竹内誠『寛政改革の研究』平成二一年、吉川弘文館、二二三頁

（5）同書・二二一頁

（6）谷山恵林『日本社会事業史』昭和二五年、大東出版社、五四六―五四七頁。藤田覚編『近代の胎動』日本の時代史17、平成一五年、二二五頁。

（7）富田・前掲書　一七九―一八〇頁

（8）同書一九三―一九四頁

（9）同書一九四頁

（10）これは越後（新潟）の各村に通達されたものである。つまり行旅者が急病に罹り医師の再診を望む場合は、その手配をし、危篤になった場合は所轄官庁に報告して適切な処置をとること。行旅者の遺失物は着服することなく適性に保管することという内容である（富田・前掲書一八四頁）。

（11）京都帝国大学法学部日本法制史研究室（牧健二）編『近世藩法資料集成第一巻』昭和一七年　京都帝国大学法学部　三三―三四頁

（12）同書九八―九九頁

（13）富田・前掲書一八二頁

（14）前掲『近世藩法資料集成第一巻』一三七頁。高柳真三・石井良助編『御觸書天保集成下』一九九七年、岩波書店、四二九―四三〇頁

（15）前掲『近世藩法資料集成第一巻』七一頁

(16) 竹内・前掲書二二一—二二三頁
(17) 同書三七〇頁
(18) 同書三七二頁
(19) 寛政二戌年十一月

大目付え

在方より當地え出居候者、故郷え立歸度存候得共、路用金難調候か、立歸候ても夫食農具代なと差支候ものは、町役人差添可願出候、吟味之上夫々御手當可被下候、若村方に故障之儀有之か、身寄之者無之、田畑も所持不致、故郷之外ニても百姓に成申度存候者は、前文之御手當被下、手餘地等有之國々え差遣し、相應之田畑可被下候、妻子召連度旨相願候ハヽ、可任其意候、右は御料所より出居候ものにかきらす、私領等之者も、當戌年より來々子年迄三ケ年之内に願ひ出ルに於てハ、御料幷小給所寺社領なとの者は、前書之通御手當被下、歸村被　仰付、万石以上領分之ものは、其領主え引渡、歸村申付るにて可有之候、尤右之趣は前々より去酉年迄之内當地え出居候ものに限り候、當年以來當地え出候ものは、願出候共沙汰に及ハす候、江戸出生之者願候ハヽ、農業も仕馴さる事ニ候間、吟味之上時宜により、荒地等え被遣候事も可有之候、

右之趣、町中え相觸置候、歸郷之儀願出候ハヽ、御勘定奉行より可引渡候間、可被得其意候、尤領分之もの荒地多之場所は、成たけ他國え不出様手當可被致事ニ候、且又歸郷之もの引渡候節、たとひ帳外之者に候とも、以別儀歸住致させ、百姓にいたし候とも、山海之稼申付候とも、歩人奉公に成とも可被致候、若又兼々咎有之、尋中之ものにても候ハヽ、其分本罪より一等輕く仕置可被致候、引取百姓にいたし候上、逃去候ハヽ、其段可被相屆候

十一月

右之通、可被相觸候

（前掲『御觸書天保集成』下　八七二—八七三頁）

(20) 寛政三亥年十二月

町觸

國々より江戸表え出居候もの、在所え立歸り度存候ハヽ、可願出旨、去戌年相觸候處、願出候もの少く候、畢竟江戸之自由なる風俗ニ迷ひ、故郷之事をも忘却致し、一日々と打過候故ニて可有之候、惣て近來在方より江戸え出候もの多く、在方人別相減、農業難行届、困窮之國々もすくなからす、江戸表え出候者も、次第に人別相增、おのつから諸商賣薄く相成、是又難儀ニ及ひ候故、銘々在所え罷歸り候樣申觸たる事ニて、願出候ものは、路銀等御手當被下、夫々片付相成事に候間、心得たかひなく願可申候、且又近年は奉公人も一體少く、一統差支多ニ相聞候、取留候商賣も無之もの幷厄介之類、可成たけ奉公ニ出可申候、在所え可立歸ものも其期を過し、年盛之ものも奉公稼を嫌ひ、利潤薄き商ひ等を致し罷在、次第困窮を重ね、つゐには飢寒ニ迫り候事其身之不覺よりとハ乍申、不便之事ニ候得ハ、町役人能々心を用ひ、利害を申聞セ、右兩樣共厚く世話致し可申候、世話行届候町々は、追て糺之上可及沙汰もの也、

右御觸之趣、町中家持借屋店借裏々召仕之もの共迄爲申聞、町役人常々心懸、右體之もの厚世話可致候、此旨町中不洩樣可相觸候

亥十二月　（前掲『御触書天保集成』下　八七三頁）

(21)

寛政五丑年四月

大目付え

在方より當地え出居候もの、故郷え立歸度存候得共、路用金又は夫食農具代抔差支候ものハ可願出、御料所幷小給所寺社領なとの者は、夫々御手當被下、歸村被
仰付、万石以上領分之者は、其領主え引渡、歸村可申付候、若村方ニ故障有之か、或ハ身寄之者無之、田畑も所持不致、故郷之外ニても百姓ニ成度存候者は、是又御手當被下、手餘地等有之國々え差遣、相應之田畑可被下、勿論妻子召連度ものは可任其意間、去子年迄三ケ年之内可願出旨、去ル戌年相觸置、追々願出候分は歸郷可申付事ニ候、此後も去ル酉年迄ニ當地え出候ものは、願出次第、先達て相觸候通御手當被下、歸村可被　仰付候間、勝手次第可願出候、尤願出候儀を手重ニ存候類、又は心得違候ものも可有之哉ニ候間、

町役人等能々教諭いたし、可申出もの也、
右之趣、町中え猶又今度相觸候間、可被得其意候、尤歸鄕之もの取扱方等之儀は、諸事去ル戌年相觸候
通可被心得候、
右之通、可被相觸候、
四月　　　　　　　　　　　　　　　　　　　　　　　　（前掲『御触書天保集成』下　八七三―八七四頁）

（22）竹内誠「寛政の改革」井上光貞・永原慶二・児玉幸多・大久保利謙編『日本歴史大系3』一九八八年、山川出版、八五七頁
（23）藤田・前掲書、二二六―二二七頁
（24）同書二二七頁
（25）同書二二八頁
（26）同書同頁
（27）同書同頁
（28）石井良助「我が古法における少年保護」『少年法全国施行記念少年保護論集』大正一二年、少年保護協会、一四四頁
（29）高柳眞三・石井良助編『御觸書天明集成』一九七六年、岩波書店、九〇七頁
（30）前掲『近世藩法資料集成　第一巻』一一九―一二〇頁
（31）前掲『御觸書天保集成　下』七七一頁

三　天保改革期の社会福祉法制

天保年間は、「天災の天保」と呼ばれているように、風水害・旱魃(かんばつ)等により、江戸の飢饉のなかでも最も深刻な天保の飢饉が起った時期である。民衆の生活は窮乏し、治安の紊乱、政治的・経済的不安が増大していった。既述のように寛政改革は、その実施過程で施政者の意図に反して封建的危機は回避されず「農民層の分解をとどめることはできなかった」「かくて幕府が領主財政の収入面に都市の商業資本を積極的に排除して、自ら農民的商品経済の発展を直接に吸収しようとするような条件が生まれてきた」。「このような機運こそ天保の改革の行われるべき歴史的要請であった」[1]。こうした社会状況の下で、脆弱化していた政権を建て直す目的で実施されたのが天保改革であった。

天保改革を企てたのは一二代将軍家慶であるが、その実施責任者は、家慶が老中に登用した水野忠邦であった。これは、享保ならびに寛政両改革を範として、天保一二(一八四一)年五月一五日、改革宣言が出された後、天保一四(一八四三)年水野忠邦失脚までの二年間に実施された。その背後には、既述のように天保期に入っての凶作・飢饉が原因で起こる一揆・打ちこわし、問屋商人・株仲間等による作為的物価高騰に対する民衆の怒りがあった。これは在来の封建的支配のあり方の改革を求めるもので、幕府の内憂となっていった。他方で、アメリカ船モリソン号来航等による外患、中国のアヘン戦争の知らせ等により、幕藩体制自体が存亡の危機に瀕していた。こうした状況のもとで幕府が、この本格的危機に対応するために実施した幕政改革が天保改革であった。(2)

天保七年の全国的な凶作が引き金となって起こった「大塩の乱」(3)（天保八年二月一九日）は、凶作により大坂（大阪）への廻米高が激減し、米価が高騰したため、庶民の生活は困窮し、餓死者が続出した。大塩平八郎（大塩は町奉行所の与力であったが天保元年に隠居し、自宅で門弟たちに陽明学を教えていた）は、こうした状況にある窮民救助のための対策を実施しない幕政を批判し、そこから利益を得ている豪商や無策の町役人を誅伐（ちゅうばつ）することを訴えて武力蜂起（ぶりょくほうき）をした。これに賛同して蜂起に参加したのは、門弟二十数名と農民約三〇〇名であった。これは半日の戦闘で鎮圧された。しかし大塩の思想に共鳴する者が各地に現れ、豪商・豪農の打ちこわしならびに奉行の不正を訴えることを目的とする一揆（いっき）が全国に広まっていった。そしてそれは幕藩体制を終結させ近代社会移行への導火線となったのである。つまり「この天保期に階級関係の転換」(4)がはじまっていたのである。

天保の改革期に出された法令は一七八あり、この中で改革の趣旨にそって出された主要な法令は、人返し令、株仲間解散令、上知令等であるが、改革の挫折の直接の原因をつくったのは

「上知令（あげちれい）」（後述）であった。

「人返し令」は、寛政改革で実施された旧里帰農令にならって都市への人口集中を防止し農村の労働力を確保するために公布された。[5]この法令の特徴は、都市と農村の生活格差から、農民が都市に多量に流入するのを阻止するため、江戸への移住出稼ぎの取締りを厳重にしたことである。出稼制限のためには「江戸の人別改め」（戸籍改め）を布令した。[6]「人別改め」は、民衆を統制する目的で各家ごとに、戸主・家族・奉公人の氏名・年齢・性別を記載した帳簿であって、戸籍簿としての役割を果たすものであった。農民が村を離れて江戸に出ていくと村の人別を失い、また江戸で人別に入ることが難しいので、戸籍を失うことになる。こうした不利益を明示することにより、農民が農地を捨て江戸で働くことを防止しようとしたのである。しかしこの取締りの網をくぐって農民は江戸に潜入し、人別改めは失敗に終った。[7]

「株仲間解散令」は、豪商・問屋が営業を独占することを禁止することにより、物価引下げを目的とするものであった。しかし流通組織が混乱したため、物資供給が円滑に行われなくなり、期待した効果は得られなかった。[8]

「上知令」とは、江戸・大坂近辺の土地を幕府の領地とするために、その所領の大名・旗本に言い渡された領地権に関する命令をいう。同令により各藩等の所有する飛地を整理するという名目で領地替が実施された。しかし幕府の意図は、この領地の再配分により、江戸・大坂最寄りの立地条件がよく収益の多い土地を幕府の直轄地とし、その土地の領主を強制的に僻地に転封させることであった。つまり幕府の政治的機能や施政者としての地位を強化し、幕府の財政を潤すことが目的であった。大名・旗本の領地を、武家と所領の農民共ども強制的に移動させるというこの政策は、転封を命じられた藩主・武士等だけではなく、所領内の全ての者が反対し反抗した。領内の農民は長年耕してきた田畑に愛着が深く反対運動に参加した。また豪商も転封により人名等に対する貸付金が回収不能になることを恐れて上知令に反対した。さらに御三家（水戸・尾張・紀州）も反対した。これに対して幕府は、反対給付として大名には居城付近に替地を与え、旗本には江戸・大坂（大阪）周辺以外の土地を知行地として与えるとした。しかし替地を与えられても転封は、領主・領民ともにその生活の根底をくつがえすものであり、大名・旗本ならびに土地に所属する武士や農民その他の者の不満は大きく、動乱を沈静することはできなかった。そのため上知令は短期間で廃止されたばかりでなく、既述のように天保改革を挫折させる原因となったのである。(9)

注

（1）津田秀夫『江戸時代の三大改革』昭和三一年、弘文堂、五四―五五頁

（2）竹内誠「水野忠邦と天保の改革」徳川林政史研究所監修『江戸時代の古文書を読む――天保の改革』二〇〇八年、東京堂出版、五頁

（3）谷山恵林『日本社会事業史』昭和二五年、大東出版、五七二―五七四頁
京都・大阪では奉行所支配が行われており、とくに「大坂奉行所」の権限は強かった（村田路人「近世

諸権力の位相」『近世社会論日本史講座6』二〇〇五年、東京大学出版会、六九、七二頁)。それゆえ、与力であった当時の大塩の権限は強く、退職後も大きな影響力をもっていたのであろう。

(4) 池田敬正「天保改革論」『幕藩制社会』所収(日本史講座4)一九八〇年、東京大学出版会、二八七頁

(5) 竹内・前掲論文一一頁

(6) 太田尚宏「天保の人返し政策」徳川林政史研究所監修『江戸時代の古文書を読む―天保の改革』二〇〇八年、東京堂出版、一三六頁

(7) 内田銀蔵著・宮崎道生校注『近世の日本・日本近世史』昭和五〇年、平凡社、一〇六―一〇七頁

(8) 竹内・前掲論文一一頁

(9) 同論文一一―一二頁

1　災害救助制度

天保一二(一八四一)年、江戸・鎌倉・九州南部の直轄地が凶作で農作物の実りが悪く、加えて蚕がくさり、農村は損害を受けた。同年夏には、津軽で河川の水があふれ出し、田畑が水没した。同年一一月一六日には、関東一帯が洪水となった。このため、三万六千五百石の損害が生じた。加賀藩では、同年五月一三日、御領内の川が氾濫して田畑が流出し、二万五千石の損害を受けた。日向では凶作により民衆は飢え租税を納入できず、農民はいろりの火を閉めた。(1)

天保一三（一八四二）年三月には江戸で大火があり、秋には陸奥・越中（東北・北陸）地方が凶作となり、また蚕がくさり、農家の現金収入であった布地をつくる生糸がとれなくなった。関東一帯の気候は不順で、三十九万三千四百石余りの損害を受けた。八月には、加賀藩で再び河川が氾濫し、田畑が二万二百六十石の損害を受けた。武蔵の国では、日照が続き水が涸れ魚が死んでしまった。京都では、五月一七日鴨川が氾濫し、東九条の南の水門が決壊し街が水浸しとなった。(2)

こうした災害による被害に対して、幕府はつぎのような対応を行った。

天保一三年三月の江戸の大火により、材木・工賃が高騰したので「物価上昇防止令」を出し、建物の復旧を促進することを令示した。また各村の水害により流され被害を受けた農地の再開墾、囲米の放出を令示し、各自治体の力で餓死者の出るのを防止しようとした。これに加えて町会所に七分積金より積み立てていた救助米を放出し、被害者に給付するよう命じたのである。同年六月には鰥寡孤独の者並びに八〇歳以上の高齢者がいる場合には、その旨申告させ、生活状況の実態を施政者が把握できるようにした。(3)既述のように、「鰥」とは六一歳以上で妻のない男、「寡」とは五〇歳以上で夫のいない女、「孤」とは一六歳未満で父のない者、「独」とは六一歳以上で配偶者も子もいない者をいう。こうした者ならびに八〇歳を超えた者には、扶養義務者がいない場合が多く、災害にさいして生活に困窮するおそれがあるので、災害時の対策のために申告させていたのである。

同年八月には、旗本等の武士が札差（金融業者）から借財をしたために生活に困窮している場

合は、町会所の七分積金で借金を肩替りし、天保一四年には、これを無利息で二〇年返済として救恤した。(4)

天保一四年、本所小菅・二条（京都）・大坂（大阪）・駿府（静岡市）・堺・奈良の蔵にある籾が五〇万五千八百石余りとなった。幕府は各藩に対して石高一万石につき籾千俵の割合で三年乃至五年間これを備蓄するよう命じ、飢饉にそなえることとした。(5) この備蓄した穀物が、その後の災害において役立った。それ故この制度は天保の改革のなかでは有効に機能したものといえよう。また同年一二月には、江戸の被災者に町会所より救助金・救助米を放出して救恤し、同時にこの施策が物価の昂騰を押さえた。(6)

寛政の改革により設立された町会所ならびに七分積金制度が、天保の危機において機能したのである。

2　窮民収容制度

はじめて窮民のための入所施設をつくったのは、三代将軍家光である。家光は、寛永一九（一六四二）年二月の飢饉のさいに、(7) 賑救廠（御救小屋）を建設し施設保護を実施した。家光にならって五代将軍綱吉は、元禄一五（一七〇二）年二月、本所に賑救廠を設置したが、一年で廃止となった。その後長期間施設保護は実施されていなかったが、天保七（一八三六）年にいたり、賑救廠は復活され施設保護は再び実施されることとなった。世情がこれを促したのであろう。
その際、つぎのような令示が江戸市内に布令され、施設入所のための一定の手続きが示された。

近年引續米價高直ニて、其日稼之者共一統困窮およひ候處、當夏以來追々米直段引上、必至と及難儀、家財衣類等迄賣拂候ても給續兼、住所ニも離、及飢渇候程之ものは、此度爲御救、神田佐久間町河岸え小屋補理置候間、右小屋入申附候、尤朝夕賄之儀は、町會所より被下候間、晝之内は銘々出稼致し、元手を稼溜、凡百日程相立候ハヽ、銘々店持候様可致、尤格別之御仁恵を以被　仰付候儀ニ付、小屋内ニ罷在候内、風儀宜相愼罷在候様申付、其外諸事町會所掛差圖可致候間、其旨可存、且俄ニ住所ニ離、未行倒候程ニは無之、及飢、難儀いたし候者有之候ハヽ、召連、可訴出候
　但、窮民御救ひ小屋え入候儀は、兩番所并町會所え駈込、困窮申立候ても、元居町町役人相糺、實々及飢渇候程之儀相違無之候ハヽ、押切書付渡遣、小屋入申付、尤右書付ハ、小屋場詰名主共方え預可置事
右之通申渡間、其旨相心得、組合限不洩様可達候
申十月(8)

米価高騰により家財・衣類を売り払っても生活できないため、所定の手続きにより入廠した入

所者に対しては、商売の資本として毎日四百文を貸与し、これを元手に出稼ぎさせ、その取得した利益のなかから五十文を貯えさせ、入所期限である一〇〇日が経過して出廠するさいにこれを渡すこととした。

つまり入所者には、公的貸付金を元手に働いて得た収入のうち一定額を強制貯蓄させ、入所期間を定めて自立を促したのである。

また翌天保八年三月には、品川・板橋・内藤・新宿の五カ所に賑救廠を増設した。他方、入所者中一万石以下の領地より来た者は、つとめてこれをその郷土に帰住させ、その他の者は各人の能力に応じて、荒蕪地（荒れはてた土地）もしくは人足寄場の労役に従事させた。この賑救廠は、飢饉のさいに設立された臨時的なものであったので、その後閉廠した。

3　司法福祉制度

天保一三（一八四二）年一〇月、犯罪を犯した児童の特別処遇に関するつぎのような規定が布令された。

天保十三年十月廿七日

十五歳以下之者、以前之例ニ笞刑ニ被　仰付候儀有之、或ハ贖、まヽ（た）叱等、區々相見候處、以來ハ都而御刑典ニ依、贖ニ被究、贖錢親共ゟ（より）出シ遺候而者御懲戒ニ不相成と云を以、追々之例ニ據、御刑法場搦出、見せしめ叱と云ニ可被定置段、此節坂下手永鍋村岩吉僉議ニ相究候事

　　但此刑場叱ハ竊盜之類ニ限リ候方と相見候事(9)

これは熊本藩御刑法草書附例である。その概要はつぎのとおりである。

一五歳以下の者に対する処罰は、前例によれば、笞刑・罰金刑・叱責等で、個々別々であった。今後は、御刑法典により罰金刑とする。罰金を親が支払っては懲戒とはならない。その後の判例を見ると処刑場に入れ、見せしめのため叱責すると規定すべきである。このたび坂下手永鍋村の岩吉の詮議にはこれを適用した。但し、この処刑場での叱責は窃盗等の盗犯に限り適用すべきであるという内容である。

つまり児童の盗犯は、充分に罪の意識を認識させたうえで軽い処罰で処分するようにということであろう。

この期における児童に関する法令は、犯罪を犯した児童に関する規定しか採取し得なかったため、この項目の標題を「児童保護制度」とせずに「司法福祉制度」とした。

4　医療保護制度

災害と疾病は車の両輪のようなものであるが、「天災の天保」といわれたこの期においては、施政者にとって医療保護の実施は必須の課題であった。なかでも伝染病対策が施政者に要請された。とくに天然痘はコレラと共に人命を失う二大疫病であった。天然痘については、種痘法による予防が天保一二年前後から江戸において実施され、徐々に成果をあげていった。その後佐賀藩・大村藩においても実施され、大坂（大阪）に除痘館、江戸に種痘所（後の種痘館）が設置された。(10)

当時、江戸に医学教育と医師の再教育を行うことを目的として医学館が設立された。天保一三年一〇月には医学館で施療を開始し、幕府は觸を出して生活に困窮して、診療を受けずにいる病人に、医学館で治療が受け得ることを公示し、受診することを勧めている。(11) それは天保一三年より一四年にかけて天然痘が流行し患者一〇四〇人、そのうち六〇％に相当する六二四人が死亡したので、(12) 人命尊重と治安維持の見地から医学館に患者を収容して伝染病の蔓延（まんえん）を防ぎ治療を行うため医療扶助を実施したのである。

小石川養生所は既述のように従来、国立の医療機関であったが、天保一四年養生所の組織変更を行い、町医者に診療を担当させることとした。(13) つまり幕府の負担軽減のため民間委託が行われたということである。

天保一三(一八四二)年一一月、町役人から、現在堕胎が江戸で広く行われているが、これを取り締まられたき旨の書類が町奉行所に対して提出された。当時、中条流(産婦人科・小児科の医師の一派)の女医が高額な謝礼金とひきかえに堕胎を行っていることが判明したからである。幕府は直ちに堕胎禁止令を布令し、夫婦相談の上堕胎をした場合は、両者とも江戸十里四方追放すると令示した。また事情を知りながら施術をした医師は、江戸払いとするとした。この布令は翌年大坂(大阪)においても施行された。[14]

しかし当時の堕胎とくに夫婦相談のうえ行う堕胎は、生活苦から産んだ子を養育することができないという見通しに基づくものであって、禁止令やそれに基づく処罰によっては、防止はできなかった。その対策は寛政の改革で行ったように、給付であらねばならなかったが、天保期の幕府にその余力はなかったのであろう。

注

(1) 西村眞琴・吉川一郎編『日本凶荒史考』昭和五八年、有明書房、九七五―九七六頁
(2) 同書・九七六頁
(3) 谷山恵林『日本社会事業大年表』昭和一一年、刀江書院、一五二頁
(4) 同書一五二―一五三頁
(5) 谷山恵林『日本社会事業史』昭和二五年、大東出版、五九二頁

（6）谷山・前掲『日本社会事業大年表』一五三頁
（7）西村他・前掲『日本凶荒史考』二三三頁―二三四頁
（8）高柳眞三・石井良助編『御觸書天保集成下』一九九七年、岩波書店、八七八頁
（9）京都帝国大学法学部日本法制史研究室編『近世藩法資料集成第二巻』昭和一八年、京都大学法学部、二四―二五頁
（10）谷山・前掲『日本社会事業史』六四七頁
（11）同書六四八頁
（12）碓井隆次編『類別社会福祉年表』昭和五四年、家政教育社、二九頁
（13）同書同頁
（14）同書一八頁

天保改革は失敗に終ったが、その要因をつぎのように推測する。

第一に、幕藩体制の維持が危くなってきていることに気付いた将軍家慶が、その崩壊を防ぐために改革を急ぎすぎたということである。天災が続き税収が減少し、一方で支出が多い時期に、改革という大事業を起すことはあまりにも無謀であった。

第二に、改革の実施責任者に任命された水野忠邦が、国際的な動向について充分な見識がなかったことに加えて、内政にも習熟しているとはいえなかったことである。つまり忠邦はこの期

の内憂・外患に対応する力量がなかったのである。水野は「伝統的な農業中心の国家観に基づき、寛政の改革で行ったような旧里帰農政策の延長として」天保改革を「位置」づけようとしていた。都市「江戸」がもつ経済的・社会的役割について充分な認識がなく、倹約令により庶民に質素な生活を送らせることで江戸が衰退し、商人が離散してしまうことへの恐怖がなかったのである。(1)つまり都市政策を誤ったということである。これは当時のわが国の産業の発展に目をむけ、その収益に課税しようとせず、税収を米の石高主義にこだわっていたがゆえ犯した誤りであろう。

第三に、忠邦の片腕として活躍した鳥居耀藏に問題があった。鳥居は、蘭学者の研究を援助した渡辺華山らを死に追いやった「蛮社の獄」の責任者であった。彼は外国の知識の導入を阻止し、また外国船の渡来に反対した。鳥居は幕府の鎖国政策に限界がきていることに眼を向けることができなかったのである。こうしたグローバルな視点を持たない鳥居という人物を登用したことが天保改革の大きな失点であった。鳥居は性格も悪く、独断的で日本の将来の進むべき方向を見あやまったのである。(2)つまり水野は時代に逆行する人間を天保改革の事実上の実施責任者としたのである。いうなればこの改革では、政局に登場する人物の人事が的確ではなかったといえる。

第四に、幕府の天保改革に先立って「水戸藩天保改革」を実施した御三家の一つ水戸藩主徳川斉昭が、その実績にもとづいて幕政対する発言力をもったことである。幕政と国政ではその規模や条件が異なるが、これを認識することなく斉昭は忠邦に改革実施を強要した。これに押されて充分な準備と見通しがないままに拙速な改革にふみきったことがあやまりであった。(3)

寛政改革から天保改革まで四〇年近い歳月が流れたが、その間の社会変動を民衆は冷静に受けとめていたのであろう。つまり窮乏する民衆の日常生活は改革によって救われるものとは限らない。そこには給付に対応するリスクがあり、施政者の都合による国家財政の配分の入れ換えは民衆の益とはならないことを体得し、改革の内容を必ずしも評価してはいなかった。このことが天保の改革が二年余りで終結するという結果をまねいたのであろう。それがあまりにも短期間であったがゆえに成果を出すにいたらなかった。そしてこの期の幕政のあり方が幕藩体制を崩壊させ明治維新つまり国家体制を近代国家へと変革するきっかけになったといえるであろう。いうなれば「水野忠邦の改革政治は、政権崩壊の要因を当初から内容して」(4)いたといえるのかもしれない。

しかし天保の改革は、二年間という短期間で失敗に終ったにもかかわらず、この期に形成された福祉制度＝保護救済制度には見るべきものがある。それは水野も鳥居もその出身から見れば稀にみる栄達を果した人物である。その成育過程において、地方の生活・庶民のニーズについて他の幕臣よりも精通していたのであろう。つまり災害や疾病が原因で民衆の生活が貧窮することに敏感であったのであろう。

その視野が狭く、国際情勢に目が向かず、農政重視が時代に逆行するものであることに気付かなかったとはいえ、個別の貧困問題＝福祉を直視する機会は多かったのであろう。この期は「公」が救恤を実施するのに適していない時期であったといえる。その中で、こうした保護救済

＝福祉制度の実施を試みたことは評価に値すると考える。

注

（1）太田尚宏「天保の人返し政策」徳川林政史研究所監修『江戸時代の古文書を読む――天保の改革』二〇〇八年、東京堂出版、一三五―一三六頁

（2）松岡英夫『鳥居耀蔵』一九九一年、中央公論社

（3）乾宏巳『水戸藩天保改革と豪農』二〇〇六年、清水堂出版、六一―六二頁

（4）藤田覚『天保の改革』平成八年、吉川弘文館、「はしがき」四頁

　なお天保改革期には一七八の触れが出されたが、これについて充分な検索はなし得なかった。『御觸書天保集成』は上巻・下巻とも天保八年までの集録で終っており、天保改革期の法令は集録されていない。『徳川禁令考別巻（補遺）』において法令制定の年月日は検索し得たが、その内容は検索し得なかった。ただ犯罪を犯した児童の特別処遇に関する法令の一部を『近世藩法資料集成第二巻』において検索し得たので集録したに過ぎない。天保改革における福祉制度に関する法令の欠落部分の補完については、今後の研究に期待したい。

結び

後期封建国家における社会福祉＝保護救済制度は、崩壊の危機に瀕した幕藩体制を維持する歯止めとしての役割が期待されていたといえる。その典型的なものが、主として三大改革において構築され実施されたといえよう。

三大改革と呼ばれる。享保・寛政・天保の三つの改革の共通の目標は第一に財政の充実、第二に農政重視、第三に窮民救助であった。そこには人口政策が基本にあった。

享保の改革期において、現行社会福祉法に規定する地域福祉の推進、民間活力の利用等はすでに制度化されていたといえよう。吉宗は幕府の財政再建を優先課題とし、福祉についての幕府の負担は最低限度の保障でよしとした。

災害等による窮乏者に対する窮民救助制度は、窮民が窮余の一策として、結集して暴動を起すことを憂慮したものである。災害は貧困だけではなく社会の混乱を招く。民衆は生き延びるために、どのような暴挙にも出る可能性をもっている。このことを予測して、治安対策として公的給付を行うことは、政権維持のために最低限必要な施策であったといえよう。それは、あまりにも小額の給付であったことから推測することができる。

行旅病人・行旅死亡人取扱制度が構築されたのは、路上で行き倒れた者の存在は、人目につき幕府の威光を傷つけるので、これらの者の保護は幕府の威信維持対策であったといえる。

小石川養生所の設立は、享保改革の「華」といえよう。朝鮮人参を国産化したことで、薬用人参が窮民にも行き渡るようになった。しかし、人参の葉と茎しか与えないということは、養生所における医療の提供は政権維持の隠れ蓑(みの)にすぎない。また養生所において入所治療を行ったのは一部の病気が江戸市中に蔓延(まんえん)することの防止策、ならびに将来の稼働年齢人口の減少防止対策であったといえようか。小石川養生所は、今日の生活保護法上の医療扶助提供機関と共通する目的をもって設立された治療機関であったがゆえに、最低限度の医療しか提供されなかったのであろう。

小石川養生所で治療を受けるに際して、名主・家主の権限と責任が大きかったことは、この期の特徴である。これは名主・家主は生活困窮者の民間の保護担当機関であったが、一方で民衆の監視者としての役割をはたしていたといえる。この制度を継承するのが、近代以降における方面委員制度・民生委員制度であろう。

児童保護制度は、貧困を原因とする口減しのための堕胎・間引の禁止、乳児養育米の支給、妊婦の員数調査、出産費の支給、捨子の保護対策等であった。この期のわが国は基本的には農業国家であり、児童保護制度は、将来の農民の数の確保が目的であった。それを民間の力を活用した相互扶助で実施し、公的財源の支出を抑制し財政破綻の危機を脱出しながら児童育成の最低基準は護ったのである。

犯罪児童に対する特別に寛大な処遇は、古代律令国家においても実施されていたが、それは罪状別ではなく、年齢別であり、常に高齢者に対する特別処遇との相対として実施されてきた。後期封建国家の時代における犯罪児童の特別処遇は、児童についてのみ規定しており、その相対として高齢者についての特別処遇規定は検索し得なかった。この期における犯罪を犯した高齢者に対する特別処遇は実施されていたのであろうか。

享保改革において構築した福祉法制は、江戸を中心とするものであった。一方で新庄藩にみられるように各藩が独自の福祉制度を構築していた。また五人組・家主・名主等が社会福祉の実施責任を負っていた。つまり地域福祉の推進と民間の力の活用により、幕府は最低限の支出で保護救済、つまり「福祉」を提供したといえる。現代における国家財政の安定を目標とした人員整理、公務員の給与削減、自助努力の奨励等はすでに吉宗が幕府の財政再建のために実施してきたことである。過去・現在を問わず財政再建を表向きの課題として行う政策は、社会的矛盾の解決に至るとは限らず、矛盾は形を変えて継続するのである。それゆえ、つぎの改革を行わざるを得なくなる。

この時代を「光輝ある時代」と呼ぶのは、この期の表面的な成果に対する賛辞にすぎない。

寛政改革においては、救恤米・救済金を民衆のために供与しても、それは貸付金であって給付金ではなかった。貧窮のため子の養育ができないという条件はあっても、小児養育金すら貸付金であった。民衆は働いて自己の生計をたてるという意識をもっていた。それゆえ、救恤米・救済金を給付ではなく貸し付けることが自立を促し自己の尊厳を保ち得たのである。無宿者等も、技能訓練を受けて就労するために住居と食事を保障されることで、働くことができるようになったのである。

松平定信が大老であった当時のわが国は、成熟した農業文明と外国との交流の途絶が内政を充実させていた時であった。定信は、治山・治水、各藩固有の政策、豊かではないが飢餓のない社会を維持しようとした。しかし享保改革期と異なり、商工業が発達してきており、重農主義から重商主義に政策を転換すべき時期であった。

享保改革では、いまだにわが国の産業の中で農業の占める比重が大きかったので、新田の開発、湿地帯の開拓等、従来より耕地面積を増大することに幕府の資金を投入し増税をはかることに意義があった。当時、税制度は土地を基本としていたため、そこから年貢をとるのが原則であった。商業から得る利得は無税に近かった。そこには税の公平性がなかった。田沼はこの点に着眼し市場経済を導入することで、低成長を脱し、商取引による収益からの徴税を求めて産業を振興しようとした。これは幕府の財政に資する政策であった。しかしそこには特定の豪商に特権を与えることの見返りとして賄賂（わいろ）等が横行した。豪商と官僚の間に現在と同様に不正な癒着（ゆちゃく）が生じていたのである。

これを是正し、民衆の幕府への信頼を取り戻そうと意図して実施したのが寛政改革であり、その基本政策となったのが農政を重視する旧里帰農令であった。これは、郷里を捨て都市に出ていく農民を村に復帰させ、農業を基本とする生活の安定をはかることを意図するものであった。定信の行政改革の信条は、清廉を本意とし、不正を摘発し、無駄を省き、些細な過ちも許容しないというものであった。こうした政策は、当初は民心を掌握できたが、経済を発展させ財政を健全化するには足枷となる。時代はすでに動いていたのであるから、この期の改革こそ重農主義から重商主義に転換し、商工業から上る利益に課税し、それを基金として福祉を実施すべき時であった。

定信には、この社会の変貌が見えず、田沼が構想していた産業の発達・経済の発展こそが幕藩体制を支えうるものであるという認識が稀薄であった。それ故にその政策は農政の安定を基本としていた。とはいえ、風水害・飢饉・大火等の緊急の「福祉」問題には即応しうるものであり、困窮者の救済は適切に行われた。そこには定信が北国という生産性が低く、広大な農地を持つ藩の出身であったことが、苦しい財政の中で貧困対策に目を向けさせたのであろう。

しかしそれを支える経済の進展を顧慮することのない政策であったがゆえに、その政権は短命に終った。不正の摘発等による清廉ではあるが柔軟さに欠けた政治は、民衆に働く意欲を喪失させ、経済は疲弊し、税収は減少する。これが寛政改革の限界であった。

清廉な政治・福祉制度の充実と、幕府の財政の疲弊の回復は両立するものではない。これに加えて不正の取締りを強化するあまり定信は、世間の不評を買い、孤立し、約七年間で老中を辞任せざるを得なかった。しかし幕府の財政の逼迫と引き換えに制定した福祉制度は、窮乏する者にとっては慈雨であった。

既述のように困窮する者が病床にある場合、単身で壮年の者には三カ月以内であるならば米五升・銭一貫六百文を支給し、七〇歳以上で単身の者には米は同量であるが銭は三百貫百文、約二倍の銭が支給された。年齢にもとづくこの格差は、自助・自立が望めない老人は、餓死の可能性が高かったので、救助は切実な問題であったということであろう。また当時の老年人口の比率が現在とは異なるものであったとはいえ、現在のように高齢者を「姥捨」の対象とするような風潮ではなく、老人に対する畏敬の念があったといえよう。

天保改革は享保改革ならびに寛政改革をモデルに実施された。改革の趣旨は財政の充実・農政重視・窮民救済であり、その基本に人口政策を置いていた。ここで出された帰農令は都市の暴動防止・治安維持を目的とするもので、その背景には、天保期に入っての凶作・飢饉が原因で起こる一揆・打ちこわし、問屋商人・株仲間等による作為的物価吊上げを打破するために、大塩平八郎が起こした大塩の乱等の社会情勢の急迫化があった。これは幕府の内憂であった。一方でアメリカ船モリソン号の打ち払い、中国のアヘン戦争等の外患による危機に対して、内憂に対するほどの認識がないままに実施された幕政改革が天保改革であった。

三大改革を検討した結果、改革の成果があがるのは、つぎのような条件を充たしている場合であろう。

第一に、改革の実施期間がある程度長期にわたること。

第二に、政権担当者が内外の社会情勢を熟知し、広い視野でこれを検討する能力があること。また享保改革における吉宗のように、幕府の政策を実施する施政者となる前に、財政や福祉政策について一定の経験をもっていること。

第三に、良き家臣を持っていること。つまり政策を実施する官僚に誰を置くかについて人材を識別する能力があること。

第四に、改革の実施者が、真の決定権を持ち、なに故それを行うかについて充分な見識のあること。

第五に、その時期に内憂・外患の危機がどの程度であるのか。つまり改革の実施者が客観的社会状勢の危機の程度を認識していること。

第六に、改革を実施する気運が熟していること。

こうした条件を欠いていたことが、天保改革を二年余りで終止するという結果をまねいたのであろう。

人間も政治も自然に左右される部分がある。個人の責任や努力とは関係のないところで改革の成果は出てくる。民衆は自然災害によって、生命・身体・資産・職業を失い、災害対策の誤りが施政者の政治的生命を失わせる。その期に発生した災害の有無や規模が改革の成功と失敗の間に存在するが、これに加えて、その期の経済の発展や国際情勢が改革の成否を左右する。

大規模の災害や財政難の時にこそ、それを乗り切るための施政者の脂質か問われ、それにより民衆の生活は変わる。なかでも貧窮対策が適切であったか否か、また民衆の不満を施政者が正確に理解していたか否かが改革の成功・不成功を分かつ鍵となる。

制度の整備・展開は実践にもとづくものであらねばならないが、実践は歴史的事実をふまえたうえで、新たな問題に対応するために行うべきものである。歴史は過去からの声に耳を傾け、未来にむけて語りかけるものであるが、過去を知ってこそ未来への展望が開けるのであり、過去・現在・未来がつながってゆく。その意味で前近代の社会福祉法制について学ぶことは、将来どのような方向にむけて制度形成をしていくべきかについて示唆を得ることになる。ここに前近代の社会福祉法制について学ぶことの現代的意義があるものと考える。

〔初出一覧〕

第一章　古代律令国家の時代
「日本社会福祉法制史論――古代律令国家における社会福祉法制」皇学館大学社会福祉学部紀要五号（二〇〇三年）

第二章　前期封建国家の時代
「前期封建国家における社会福祉制度」四天王寺国際仏教大学紀要・大学院紀要第二号（二〇〇四年）

第三章　後期封建国家の時代
「後期封建国家における社会福祉制度――徳川吉宗の時代――」皇学館大学社会福祉学部開設一〇年記念号（二〇〇七年）
「前近代における社会福祉制度――『寛政の改革』の現代的意義――」荒木誠之・桑原洋子編『社会保障法・福祉と労働法の新展開――佐藤進先生追悼論集』所収（二〇一〇年）信山社

〈著者紹介〉

桑原洋子　（くわはら　ようこ）

龍谷大学名誉教授（博士〈法学〉、専修大学）

1931年北海道で生まれる。1953年大阪府立女子大学社会福祉学科卒業、1956年大阪市立大学大学院法学研究科修士課程修了

【主著】『英国児童福祉制度史研究』（1889年、法律文化社）、『イギリス少年裁判所――児童と法律』（訳、1993年、日本評論社）、『佛教司法福祉実践試論』（編著、1999年、信山社）、『社会福祉法制要説〔第５版〕』（2006年、有斐閣）、『日本社会福祉法制史年表Ⅰ』（編著、1987年、永田文昌堂）、『日本社会福祉法制史年表Ⅱ 戦後編』（編著、1999年、永田文昌堂）、『日本社会福祉法制史年表 平成編』（2006年、港の人）、『近代社会福祉法制大全』（⑴巻～⑾巻・別巻）（共編、1999年～2001年港の人）、『近代社会福祉法制総覧』（⑴巻～⒂巻）（編集代表、2002年～2005年港の人）

前近代における社会福祉法制

2014（平成26）年６月30日　第１版第１刷発行
7013-6：012-050-005=4200e

著　者©桑　原　洋　子
発行者　今井 貴・稲葉文子
発行所　株式会社　信 山 社
編集第２部
〒113-0033 東京都文京区本郷6-2-9-102
Tel 03-3818-1019　Fax 03-3818-0344
info@shinzansha.co.jp
笠間才木レナウ支店 〒309-1611 茨城県笠間市笠間515-3
Tel 0296-71-9081　Fax 0296-71-9082
笠間来栖支店 〒309-1625 茨城県笠間市来栖2345-1
Tel 0296-71-0215　Fax 0296-72-5410
出版契約2014-01-7013-6-01010
Printed in Japan

印刷・東洋印刷（本文・付物）／製本・牧製本
ISBN978-4-7972-7013-6 C3332 ¥4200
分類 01-310.400国内社会福祉-d001